北方民族大学商学院博士文库
本成果受到北方民族大学校级项目资助

不当督导对强制性公民行为影响机制及权变因素研究

The Mechanisms and Contingency Factors of How Abusive Supervision Impacts on Compulsory Citizenship Behavior

陈 明 ◎著

经济管理出版社
ECONOMY & MANAGEMENT PUBLISHING HOUSE

图书在版编目（CIP）数据

不当督导对强制性公民行为影响机制及权变因素研究/陈明著. —北京：经济管理出版社，2016.11
ISBN 978-7-5096-4609-0

Ⅰ. ①不…　Ⅱ. ①陈…　Ⅲ. ①企业管理—组织行为学—研究　Ⅳ. ①F272.9

中国版本图书馆 CIP 数据核字（2016）第 216490 号

组稿编辑：杨国强
责任编辑：杨国强　张瑞军
责任印制：黄章平
责任校对：王淑卿

出版发行：经济管理出版社
（北京市海淀区北蜂窝 8 号中雅大厦 A 座 11 层　100038）
网　　址：www. E-mp. com. cn
电　　话：（010）51915602
印　　刷：北京九州迅驰传媒文化有限公司
经　　销：新华书店
开　　本：720mm × 1000mm/16
印　　张：12.75
字　　数：201 千字
版　　次：2016 年 11 月第 1 版　2016 年 11 月第 1 次印刷
书　　号：ISBN 978-7-5096-4609-0
定　　价：48.00 元

前言

学术理论是为了实践，指导实践，因此好的理论探索应当立足于实践，来源于实践。近年来，中国经济的发展有目共睹，但这个过程中也越来越多地反映出我国企业在管理上存在的种种问题，亟须学界立足于中国企业实际有效的解决。当今后工业时代的中国，在改革开放30多年带来经济飞速发展的同时，也暴露出特殊的制度时期中国组织成长中的阵痛和难以避免的问题，吴晓波的《激荡三十年》描绘了这一时期的美好与残酷。然而，当前中国学术界对管理领域的理论贡献尚不充足，许多学者认识到所谓管理研究的“顶天立地”原则，“顶天”指在西方理论与研究范式之内，“立地”则指立足于中国企业的本土化管理实践，二者之间合理有效的平衡是所有组织行为研究者面前的一项急迫问题。

组织行为学要解决的几大基本论题中，其基本的落脚点在于个体层面，即组织中个体行为如何影响工作绩效。但由于组织结构的设计，组织中不同层级的个体，其行为对工作产出的影响程度是不同的。在传统的组织行为学范畴内，组织中的个体一般分为领导和员工两个层级。德鲁克先生在《管理的实践》中清晰地描述了这一对范畴的基本问题：领导的核心职能是激励员工，员工的主要职责是创造绩效。因此，当前学术界对这一对基本范畴的研究主要集中在以下两个问题：①什么样的领导方式能够更好地激励下属；②领导的行为如何影响下属的工作绩效。

对第一个问题的讨论是组织行为学领导领域理论的基本脉络，从特质论到行为论，再到权变论，其核心脉络十分清晰，即试图解决什么样的领导是有效的。特质论试图从个性差异中找出共性因素，但后来发现对实践的指导性不足，而后领导理论的研究转入行为论阶段，学者开始普遍探讨什么样的领导行为更有效，并先后涌现出放任型领导等三种领导风格、“工作中心”与“员工中心”理论、不成熟—成熟连续理论及管理方格理论等，到后来广为人知的愿景型领导、魅力型领导和变革型领导，再到最新的伦理型领导、真实型领导等，这些研究在对回答“什么样的领导方式能够更好地激励下属”这一问题上做出了独特的贡献。

对于第二个问题，团队领导、目标—路径理论、领导成员交换关系（LMX）等理论试图在这一问题上进行有益的尝试。团队领导的研究对如何在团队中处理冲突、创造团队绩效并平衡团队成员间的利益等基本问题进行了研究，目标—路径理论和LMX则分别从目标视角及圈子成员身份的小群体认同视角进行研究，为该领域的研究做出了重要贡献。

从中国企业的管理实践来看，中国企业与政府部门的组织连带关系使得领导行为被赋予了广泛而丰富的外延，但仅从领导行为本身的意义看，当前学界的关注点主要有两类：一类是基于社会正念大背景下积极意义上的领导行为，如变革型领导、真实型领导等，这一类研究主要关注领导行为带来的积极意义，试图倡导组织正念的重要性；另一类则与之相反，基于领导行为的阴暗面，讨论负向领导行为（如辱虐型领导、破坏型领导等）对员工的消极影响。诚然，也有人提出这两类研究正如硬币的正反面，是一体两面的问题。但正如赫茨伯格在双因素理论中指出满意和不满意并不是对立面一样，大多数学者认为积极领导与负向领导也不是简单的对立关系，因此需要细致深入的研究。

至于“好领导”与“坏领导”，正如Kellerman（2004）指出的“我们从那些所谓坏领导（Bad Leader）身上学到的东西，与我们从现今数量稀少的好领导那里学到的一样多”。显而易见的事实是，好领导也许的确有积极意义，但一个组织中的好领导是不多的，塑造一个好领导更是有难度、花成本的事情，而组织中的坏领导往往更直接地影响着下属的满意度、幸福感乃至工作动机，从这个角度看，对负向领导的研究不仅重要而且必要。

学界对负向领导行为的表述不同，界定也有差异，但在行为的指向性和意向性上具有共同的特征，指向性是指负向领导行为直接指向的对象，大多数是指向下属的，如辱虐型领导、主管欺凌等，少数是指向组织的，如毒性领导；意向性指行为出于故意的程度，所有负向领导都是出于有目的或故意的行为。这些研究之中，辱虐型领导作为负向领导行为的典型代表，学界进行了广泛关注和大量研究。

在第二个问题上，由于员工行为往往直接与工作绩效相关，因而一向是关注的焦点。一种常规的逻辑是，正向、积极的员工行为有利于绩效的提升，而负面、消极的员工行为常不利于绩效。非自愿公民行为（CCB）是近年来十分引人注目而被理论界所忽略的命题。CCB 描述的是这样一种现象，即“员工感受到来自主体、客体及（工作）环境的压力，而被迫表现出的一种非自愿性的公民行为”。中国组织情境下广泛存在的“被”现象：被加班，被全勤，被捐款……凡此种种，正反映了个体意志在不知情或不愿意情况下被滥用的事实。

CCB 通常被视为组织公民行为（OCB）的外延，是外在压力下的一种被迫无奈的公民行为。其实，可以预见，其在中国文化背景下的企业组织中可能表现得更为明显。然而，国内外对 CCB 的研究目前为止仍十分有限，且主要是探讨 CCB 在组织中的存在性及其对组织的消极作用，仅有少数涉及其产生诱因的探讨。其中一种主流看法是，中国组织情境中，领导的权威过于强大，其不当行为（学界常称为“不当督导”）极易引发下属的强迫感知，形成 CCB。当前研究也主要集中在不当督导与 CCB 的关系上，但实际上关于 CCB 的形成机制仍不甚清晰，至于何种因素会权变地调节不当督导对 CCB 影响的效应值，仅有的几项实证研究证实了诸如主动性人格、传统性、印象管理等变量的调节作用，尚缺乏较有说服力的解释，实证证据亦不多见，这给本书提供了研究的思路和空间。

当前的实证研究主要考虑的是员工心理上的风险与威胁感知，即不当督导造成下属心理安全上的威胁，因而会迫使他们履行CCB。但这一路径可能忽略了权威服从在其中的作用，即不当督导使下属感知到主管的权力与权威，这使他们感知到来自上司的压力，进而不得不予以服从。对第一条路径只有很少的学者予以探讨，而第二条路径则仅限于类似的理论分析，尚缺乏实证上的检验。

此外，由于东西方社会文化差异较大，儒家文化传统下的一些本土特征可能使得不当督导与CCB的表现强度及关联程度均有所不同。作为儒家文化本质特征的“关系主义”定位（黄光国，2009），员工不同的关系取向程度可能在二者关系中起权变作用。与之类似，员工对某一行为的工具倾向也同样可能影响二者关联的大小。但尚未有研究对这些本土化变量进行探讨，因此，有必要对其进行检验。

本书系统研究了不当督导与强制性公民行为的关系，并试图揭示其相互作用的内在机理，并检验上司压力、心理安全感、关系取向与工具性在二者关系中所起的作用。结合研究问题与思路，本文共分为六章。

本书得以与广大读者见面，首先要感谢我的博士论文指导老师于桂兰老师，在本书的写作过程中，她倾注了大量心血。与此同时，还要感谢杨保军院长，此次出版从始至终，一直饱含他对我们青年人的谆谆关怀和殷切希望，感谢北方民族大学文库资助。在本书的写作过程中，参阅和引用了国内外许多专家学者的著作和研究成果，在此一并表示感谢。由于作者水平有限，编写时间仓促，所以书中错误和不足之处在所难免，恳请广大读者批评指正。

2016年6月20日于浙江杭州

目录

第一章　绪　论 …… 001
　第一节　选题背景 …… 001
　第二节　研究目的 …… 005
　第三节　研究意义 …… 007
　第四节　研究技术路线 …… 009
　第五节　本书结构 …… 010

第二章　文献回顾 …… 013
　第一节　强制性公民行为 …… 013
　第二节　不当督导 …… 025
　第三节　上司压力 …… 038
　第四节　心理安全感 …… 044
　第五节　关系取向 …… 051
　第六节　工具性 …… 061

第三章　理论模型与假设 …… 069
　第一节　现有研究的不足 …… 069
　第二节　初期框架的探索性研究 …… 071
　第三节　研究模型修正 …… 077

第四节　研究假设 …… 080

第四章　研究设计与方法 …… 095
第一节　构念的操作化定义与测量工具 …… 095
第二节　问卷设计 …… 101
第三节　小样本预测 …… 105

第五章　数据调查与分析 …… 109
第一节　大样本调查 …… 109
第二节　描述性统计分析 …… 111
第三节　方差分析 …… 113
第四节　信效度分析 …… 114
第五节　样本的偏差检验 …… 121
第六节　假设检验 …… 123
第七节　结果分析与讨论 …… 131

第六章　结论和展望 …… 139
第一节　研究结论 …… 139
第二节　理论贡献 …… 143
第三节　管理建议 …… 145
第四节　研究局限及展望 …… 147

附　录 …… 151
附录 1　访谈大纲 …… 151
附录 2　开放性问卷 …… 152
附录 3　量表小组座谈提纲 …… 153
附录 4　第一次小范围试测 …… 157
附录 5　小样本预测试 …… 159

附录 6　大样本调查（时段 1）………………………………………… 161
附录 7　大样本调查（时段 2）………………………………………… 164
附录 8　CPAI-2 使用申请表 ………………………………………… 166

参考文献 ………………………………………………………………… 169

后　记 …………………………………………………………………… 191

第一章 绪 论

第一节 选题背景

2009年似乎是中国网络民意大爆发的一年，在网络中爆红的流行语精彩纷呈、层出不穷。其中，最受热议与关注的莫过于当选“汉语盘点2009”国内年度字第一的“被”[①]。无独有偶，一篇“今天，你被××了吗”的博客在短期内红遍整个网络，被各大网站争相转载、引用[②]，该词条也获得2009年度百度点击率第一。这些，都似乎标志着“被时代”的来临。

实际上，“被时代”离我们并不遥远，现实中存在着大量的“被”现象：举报人“被自杀”；毕业生“被就业”；贫困群众“被小康”；公众民意“被代表”……凡此种种行为，正反映了个体意志在不知情或不愿意情况下被滥用的事实。

“被”现象受到人们的普遍关注之后，国内一些学者开始从不同视域

① http：//news.xinhuanet.com/edu/2010-02/09/content_12957525.htm，新华网，2010年2月9日09：26：36。

② http：//www.cq.xinhuanet.com/news/2009-07/31/content_17260713.htm，新华网，2009年7月31日07：30：33；http：//baike.baidu.com/view/3084606.htm，百度百科。

对其进行了理论阐释。最早也是讨论最多的观点来自于语言学领域，语言学主要从语言结构解释，将其看作一种新兴的语言构式（王俊平，2011）；其次是法学和社会学视角，二者所持观点类似：即“被时代”来临的根源是人权/公民权利得不到主张（周长城、李建华，2010）。

然而，遗憾的是，国内学界虽注意到社会中的种种“被”现象，却似乎仍忽视了现实中主体的行为。周长城等（2010）认为，这些“被”行为产生的根源在于主体间权力的不对等。从管理学角度看，无论是这种“被”现象本身还是主体双方的权力差异，在中国文化背景下的企业组织中表现得尤为明显。众所周知，中国的众多企业仍存在强大的家长与家长式的管理模式，过于家长化、专断式的管理，这对于手上掌握资源尤其是垄断资源的人来说，处分资源随心所欲，将其他人“被”了不只是习惯，简直就是“天经地义”的事情。因此，不难预见，华人企业组织的工作行为中，“被”现象也广泛存在：被加班，被全勤，被培训，被捐款……种种现象不一而足，但殊途同归，都反映了共同的一点，即行为的被强迫性，具体来讲，就是个体在组织中的行为是否是个体意愿的真实反映。

其实关于组织中员工的行为，Katz（1964）早就有所阐述：组织中存在三种对组织至关重要的行为：员工必须积极参与并长期留任组织中；员工完成其特定的工作角色内任务；员工主动执行并超出工作角色描述的自发性行为。但就行为主体的工作状态而言，组织中的员工行为主要指后两类：一类是组织规定的、员工应尽的责任，这是员工本职范围的工作，是员工最基本的职业操守，这类工作行为，不管主体的意愿与感知如何，都必须要完成，因为这通常与个体的工作绩效与奖惩有关，不完成则必定会受到组织的惩罚，这一类行为通常被称作“角色内行为”（In-role Behavior）（Williams & Anderson，1991；Van Dyne，Graham & Dienesch，1994）；另一类与之相对应的行为则被称作“角色外行为”（Extra-role Behavior），这种行为是角色职责之外的，员工自发的工作行为，通常是出于对组织的认同、忠诚、回报等情感而发生的，这种行为履行与否及履行好坏均不被计入组织的正式奖励系统（Bateman & Organ，1983；Van Dyne

& LePine，1998；MacKenzie，Podsakoff & Ahearne，1998）。这其中又尤以角色外行为的研究最受瞩目，成果也极为丰富，许多学者从不同方面产生了不同的关注点。后来，Fay 和 Sonnentag（2010）整合了这些不同方面的内容，将其正式命名为“自愿性工作行为”（Discretionary Work Behaviour，DWB），并指出 DWB 可分为相对应的两大方面内容：积极正向的行为，通常如组织公民行为、建言行为、周边绩效等；消极负向的行为，如反生产行为、沉默行为、越轨行为等。而这两方面行为之间也是紧密相连的，总体来说，组织公民行为与反生产行为，建言与沉默是相对的两极，而且在一定条件下可以动态转化（孙建群、段锦云、田晓明，2012）。但相比而言，积极的角色外行为较早也较多受到学界关注，其中主要是组织公民行为（段锦云、钟建安，2004）。

简言之，组织公民行为（Organizational Citizenship Behavior，OCB）是“员工超出工作职责外的一种自发性的行为”（Organ，1997）。自 Bateman 和 Organ（1983）的开创性研究以来，OCB 就成为组织行为领域备受关注的话题之一。OCB 最初至少暗含着两个基本原则：动机上是无私的；情感上是自愿的，比如，员工主动的加班、培训、助人等行为都被看作为提高组织效能的典型 OCB。国内外众多研究均已表明，这些 OCB 会促进组织的良性发展，对组织是有利的（Van Dyne et al.，1994；Podsakoff，MacKenzie，Paine & Bachrach，2000；武欣、吴志明、张德，2005）。

尽管 OCB 被认为是衡量组织有效性的一个重要标准，然而，近年来，人们已经越来越意识到，员工在人前所表现出的 OCB 并不总是无私的和自愿的，还可能有各种非利他与非自愿的行为（Podsakoff et al.，2000；徐长江、时堪，2004）。例如，在组织发展的某一阶段（如扩张）或员工职业生涯的某个时期（如晋升），员工的 OCB 可能带有强烈的工具性动机（Hui，Lam & Law，2000）；员工遭受工作场所的冲突或权威式上级的压力则可能导致员工产生非自愿性的公民行为（Zellars，Tepper & Duffy，2002；Tepper，Hoobler，Duffy & Ensley，2004）。而组织中的“被”行为，本来诸如“加班”、“出勤”、“捐款”等行为在很大程度上应当是员工自主意愿的反映，但将“被”字加之于前则表达了个体意愿被滥用和被强迫的现实情境，也暗示了员工遭遇职场暴力与权威下的无奈。

这种现象正是 Vigoda-Gadot（2006）所描述的强制性公民行为（Compulsory Citizenship Behavior，CCB），是外在压力下的一种被迫无奈的公民行为。实际上，当领导刻意追求高水平 OCB 或组织绩效时，往往给下属带来“被迫感”，这些被迫性的“义务”行为，在组织中即常表现为 CCB（Vigoda-Gadot，2006 ，2007）。

到目前为止国内外对强制性公民行为（CCB）的研究仍十分有限，且主要是探讨组织中 CCB 的存在性及其对组织的消极作用（Vigoda-Gadot，2007； 彭正龙、赵丹红，2011），对 CCB 产生诱因的探讨则仅见于相关的理论分析（Vigoda-Gadot，2006； Makishi，2008），鲜有研究从实证上予以考察。现有相关研究中，CCB 的影响因素可能集中在不当督导和印象管理两方面（彭正龙、赵丹红，2010）。但目前为止，印象管理对 CCB 的预测作用仅限于相关学者的理论分析，学界并无任何实证迹象表明二者之间的关联；而不当督导作为一种典型的负向领导行为，对 CCB 的预测作用已在学界得到初期的验证（Zhao et al.，2013）。但 Tepper（2007）指出，国家文化可能是影响不当督导行为的重要因素，我国华人文化圈在儒家关系主义传统下，组织情境与西方有着显著不同（黄光国，2009），因此，中国组织情景下不当督导与 CCB 的关系如何，是否与当前研究证据一致，仍有待进一步的实证检验。

而且，个体的负面行为会给组织带来巨大的危害，国内学者已证实，在我国组织情景下，组织中不当督导、CCB 的程度均比西方更甚（高日光，2009；彭正龙等，2011），若两种高危害性的负面行为同时存在于组织中，对组织效能与组织健康是极为不利的。欲治理甚至消弭这些负面行为，须了解二者之间的运作机制，找出二者关系作用的内在原因。但遗憾的是，鲜有研究探讨二者间的作用机制，即二者间关系是通过什么因素发生作用的。

再者，领导的某一行为是否属于不当督导行为，是由下属的主观感知评判的（Tepper，2000）；同样，员工对于某一行为是否属于 CCB，也往往涉及对领导的感知（Vigoda-Gadot，2007）。而这些感知通常会根据员工的主观推断而发生变化，因此在不同条件下它们的影响作用大小很可能会出现波动。然而，现有研究亦鲜有检验不当督导对 CCB 的权变作用。虽然西方研究已初步证实了不当督导对 CCB 的预测作用，但几乎未有文献具体探讨这种预测作用在什么条件下增强，又在什么条件下减弱。

最后，在中国组织情景下，领导和下属基本处于不同的两极状态。一方面，中国社会集体主义程度高、权力距离大，握有权力的一方往往处于绝对优势，而且由于监督机制不完善，导致在上下级关系中，上司的强迫、压制等越轨行为缺少约束，领导的不当督导行为程度较高；但另一方面，儒家传统强调“尊卑有序”、“以和为贵”等思想，使员工对领导的非分行为容忍度更高，对不当行为的感受可能也并不如何强烈。这种矛盾状态下，究竟不当督导对 CCB 产生何种影响，这种影响又是如何起作用的，又受到哪些边界因素的制约，对这些问题的探讨有利于深入地理解二者间的逻辑与理论关系，更好地指导管理实践。

本研究即欲在相关理论基础上探讨中国组织情境下不当督导与 CCB 的关系，二者之间又是通过何种心理机制发生影响的，并结合中国人本土情境的心理特征，识别二者关系的调节因素，希冀为人力资源管理实践提供相关启示。

第二节 研究目的

本研究在分析相关文献及前人研究的基础上，旨在探讨普遍存在于组织中的不当督导及 CCB 二者之间的关系，并结合西方理论与中国文化特征，从我国实际的组织情境出发，进一步确定二者关系的解释机理与作用机制，并识别影响二者关系效应大小的权变因素，以进一步明确二者间的作用关系。具体来讲，本书的研究目的主要有三个。

一、揭示组织中不当督导与 CCB 的关系

当前研究在学理与实证上均发现主管的不当督导行为与下属的角色外行为有显著关联，上司的不当行为会降低下属履行 OCB 的可能性（Zellars et al.，2002；Tepper et al.，2004）。Vigoda-Gadot（2006）将 CCB 视为对应于 OCB 的概念，认为大多数与 OCB 相关的工作变量与 CCB 有相反关系，但正如孙建群等（2012）讨论沉默行为时所指出的，“沉默与建言并非对立的两极”，OCB 与 CCB 也同样可能不是简单的对应关系，从定义上看，二者的产生情境也并非对立，因此，对 CCB 而言，OCB 的研究结论也许并不能简单地套而用之。但尚鲜有研究探讨不当督导与 CCB 在我国组织中的关系如何，本研究即在前人研究的基础之上，首先回顾不当督导的内涵、所引起的后果及 CCB 的含义、产生的原因，从理论上阐述二者的关联性，然后通过问卷调查对二者的直接关系进行实证检验，以期为二者关系提供经验证据。

二、探究不当督导对 CCB 影响的解释机制

研究表明，不当督导会显著降低下属的满意度与公平感（Tepper，2000），进而造成员工减少 OCB（Zellars et al.，2002），但组织中仍广泛存在这样一种现象：虽然不满，但仍会履行上司要求之强制 OCB，其原因何在？现有研究一般从心理安全感的角度进行解释，即员工之所以履行被迫无奈的 OCB，是出于心理安全的考虑，上司的不当行为会对员工的心理安全产生严重威胁，为平衡和降低这种威胁感知，员工因而履行上司的不当要求（Zhao et al.，2013）。但理论上可能存在另一种机制，即不当督导使下属感知到上司带来的压力，在这种压力下，也不得不按上司所说的来做（万华等，2010），但当前实证研究很少涉及对这一机制的探讨与检验，因此本研究在明确不当督导与 CCB 关系的基础上，从风险规避视角及权威服

从视角出发，分别检验心理安全感与上司压力在二者关系中的传导作用，以深化对二者关系的解释与认知。

三、剖析影响不当督导对 CCB 影响效应的权变因素

面对上司同样的不当行为，不同的个体可能有截然不同的反应：有些员工予以拒绝，有些员工选择屈服，其原因为何？个体特征与人格倾向通常被认为是领导行为与下属反应之间的一种重要权变因素（Tepper et al., 2001），不同人格特征的个体对领导行为的感知不尽相同，因而产生不同的行为反应。国内的本土心理学研究更表明，华人的人格心理倾向与西方存在较大差异（杨国枢，1993；黄光国，2009），西方是个人主义，看重单个的人，而中国是集体主义，尤其看重人与人的关系，个体依据关系的类别选择行为方式（黄光国，1988）。那么这些本土化的心理特征变量是否可能作为二者关系的权变条件，是很值得探讨的问题，而且由于与华人社会情境更加契合，因而更具现实意义。本研究在相关的本土化研究之上，将中国人的关系取向与工具倾向融入理论框架，以检验它们的权变作用，从而为中国组织情境中员工的行为差异提供一定的解释。

第三节 研究意义

本研究试图结合心理学与组织行为学的有关理论解释组织中领导者的不当督导对员工 CCB 的影响问题。对该问题的深入讨论不仅能在理论上丰富领导方式及员工行为领域的相关研究成果，也可以为管理者在实际的人力资源管理工作上提供有益的启示。

一、理论意义

（1）探讨组织中CCB的产生原因。早在OCB概念提出初期，就有学者开始思考OCB利他动机的合理性问题。较早的观点是由Schnake（1991）提出的，他认为，除非我们能够确实了解员工究竟因何种内在动机而履行OCB，否则，一直以来的“OCB促进组织效能的基本假设将会受到质疑”。这间接暗示了，除了长期以来的利他动机以外，OCB很可能也存在自利性的成分。这种观点也得到了其他学者的关注，Penner等（1997）也指出，个体展现OCB的内在基础并非总是传统的利他主义或社会交换动机，还有可能出自于一种自利的动机。因此，本研究拟通过对OCB非自愿动机的探讨，揭示OCB除自利动机之外可能存在的另一阴暗面，从而使人们以更完整、更合理的眼光看待员工的OCB。

此外，有关研究发现CCB对工作绩效的消极作用（彭正龙等，2010），但鲜有研究探讨CCB的形成原因，也仅有极少数研究检验了不当督导与CCB的关系（Zhao et al.，2013），二者间的实证证据仍有待加强。本研究即欲结合相关文献，进一步探讨不当督导对CCB的影响作用。

（2）识别不当督导对CCB的作用路径。前人对二者关系的作用机制是通过“风险规避”视角实现的，主要关注的是个体对心理安全的需求及由此而屏蔽风险的行为选择（Zhao et al.，2013）。但本研究认为二者的关系同样可能存在另一种视角的作用机制，即权威服从视角，主要从下属对权威来源（通常是上司）的压力感知及服从意愿上进行探讨。因此本研究亦将上司压力作为不当督导—CCB关系的桥梁因素进行检验，形成与当前研究的对照，以更加完整地揭示二者之间的作用方式。

（3）探索不当督导对CCB影响的条件因素。本研究以本土心理学的研究成果为依据，探讨中国情景下不当督导和CCB的关系对不同心理取向的员工有何差异。由于华人企业员工的个体心理特征可能与典型西方员工存在较大差异，因此儒家关系主义传统下的关系取向与工具性等行为/心理倾向也许能够解释不同个体不当督导—CCB关系的差异。这一探讨不仅有助于中国文化背景下的组织更好地认识不当督导—CCB 的关系，深化本土文化因素的相关研究，而且暗示着未来研究可以以此着眼进行东西方比较，找出差异原因，检验这些个体心理因素的跨文化适变性。

二、实践意义

员工合理的 OCB 常给组织带来额外的效益，例如提高组织效能，增加团队的工作绩效等，但不合适、不相宜的公民行为则可能会起反作用（彭正龙等，2011），进而降低组织的有效性。因此，探究其形成的可能原因，继而减少这种行为的危害便具有重要意义。在中国组织情景下，集体主义和权力距离高，相比西方，不当督导不仅广泛存在而且影响更甚，CCB 便是其消极后果之一。而且我国属于横向集体主义，重视人际和谐，提倡中庸思想，员工有更高的容忍度，因此当上司表现出不当行为时，常常采取消极适应的“沉默”态度，而非积极回应。这不仅损害个人和组织的正当利益，还往往加剧了上司的不当行为。但许多管理者对此仍未给予足够的重视，因此本研究结果或可为其提供一定程度的参考和借鉴。

（1）识别不当督导与 CCB 的关系可以为管理者避免 CCB 提供一个方向。

（2）揭示不当督导与 CCB 关系的内在机理有助于管理者更深刻地认识到 CCB 的形成路径，可针对性地制定相应措施，在一定程度上控制 CCB。

（3）个体人格因素若在不当督导与 CCB 关系中起缓和或强化作用，则可以此指导组织在不当督导的情境下采取应对措施，并根据具体需要放大或减小二者的关系效应，以利于员工的管理与激励。

第四节 研究技术路线

研究技术路线指明了研究所遵循的步骤和流程，合理的技术路线设计对研究质量大有裨益，因此在研究的最初阶段就应明确。结合本书的研究问题、研究类型与研究思路，本研究设计了相应的技术路线，具体如图 1-1 所示。

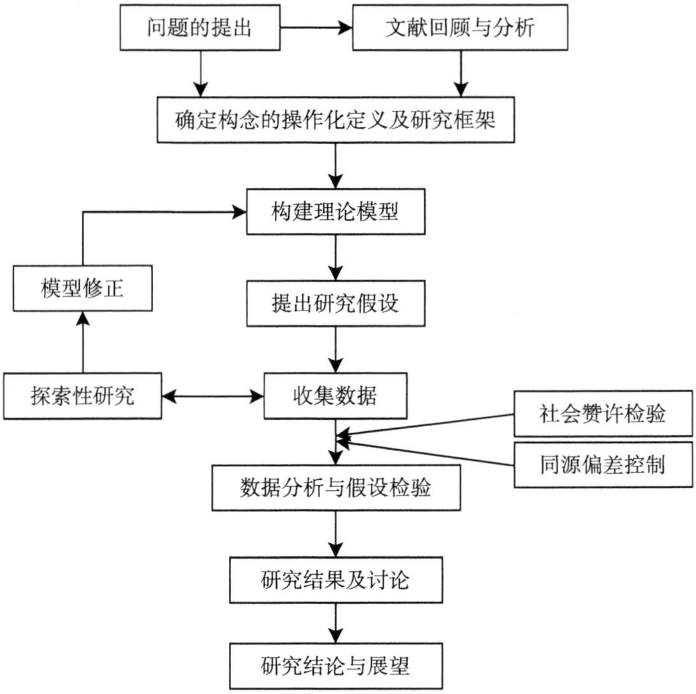

图 1-1　研究流程

第五节　本书结构

本研究主要探讨的是不当督导与 CCB 的关系及上司压力、心理安全感、关系取向与工具性在二者关系中所起的作用。结合研究问题与上述技术路线，本书共分为六章，各章具体内容如下：

第一章　绪论。本章首先从中国企业中广泛存在的“被”现象出发，并结合相关理论阐述了本书的研究背景，进而提出研究问题，并简要阐述了本研究的目的和意义，然后介绍了研究的技术路线和论文的结构。

第二章　文献回顾。本章首先通过回顾 OCB 的理论脉络，进而引出作为其边界拓展的 CCB 的内涵及特点，然后对其诱因之一的不当督导的相关理论进行了梳理，最后介绍了感知上司压力、心理安全感、关系取向与工具性等几个构念的理论基础。

第三章　理论模型与假设。本章对各构念间可能存在的作用机制进行了理论推演和逻辑阐述，初步建立了本书的理论模型，然后通过预调查和探索性因子分析对模型进行检验和修正，从而确定最终模型并提出相关假设。

第四章　研究设计与方法。本章主要是确定各构念的操作化定义及测量量表，然后在严格控制同源偏差与社会赞许的基础上，设计了本研究的调查问卷，最后介绍了本书分析处理数据所涉及的方法。

第五章　数据调查与分析。本章首先依据上一章的设计思路进行大样本调查，并分析了人口特征的分布与差异，然后检验了问卷的信效度及样本偏差，最后通过回归分析和结构方程检验假设并对结果进行了简要讨论。

第六章　结论和展望。本章总结了本研究的主要结论，并指出了其理论意义和实践启示，最后说明了研究的局限性和未来研究方向。

全书具体结构如图 1-2 所示：

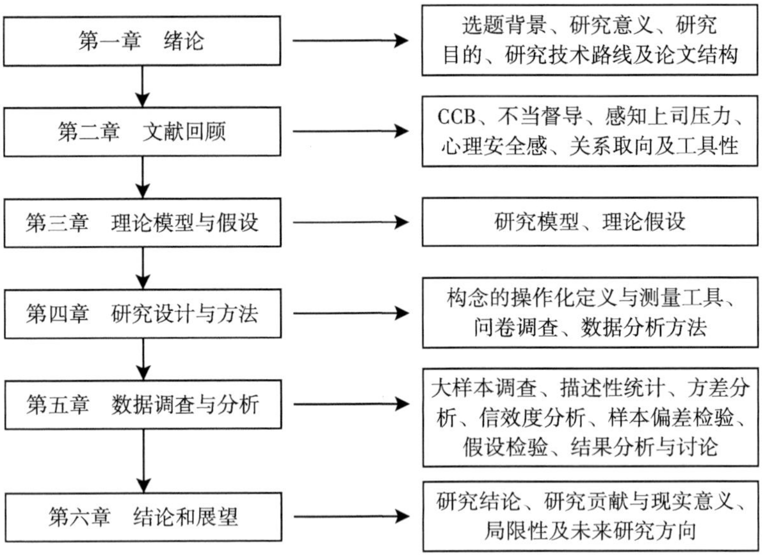
第一章　绪论
选题背景、研究意义、研究目的、研究技术路线及论文结构
第二章　文献回顾
CCB、不当督导、感知上司压力、心理安全感、关系取向及工具性
第三章　理论模型与假设
研究模型、理论假设
第四章　研究设计与方法
构念的操作化定义与测量工具、问卷调查、数据分析方法
第五章　数据调查与分析
大样本调查、描述性统计、方差分析、信效度分析、样本偏差检验、假设检验、结果分析与讨论
第六章　结论和展望
研究结论、研究贡献与现实意义、局限性及未来研究方向

图 1-2　章节安排

第二章 文献回顾

徐淑英（2009）曾指出，科学研究应当是“理论先行，言之有物”，因此，本章先在国内外相关理论研究的基础上，对本研究所涉及的OCB、CCB、不当督导、感知上司压力、心理安全、关系取向及工具性等核心构念进行深入的文献回顾，主要介绍每个构念的内涵、维度、测量及其前因与结果的相关研究，以充分了解本研究的理论基础。

第一节 强制性公民行为

一、强制性公民行为（CCB）源起——组织公民行为（OCB）理论脉络梳理

（一）OCB的含义

对人类社会中的利他（Altruism）、助人及自愿付出等行为的较早探索来自于社会心理学领域（林钲棽，2007），但组织行为学者们关注到组织中同样存在类似的现象：组织中有这么一部分员工，他们恪守本分、不计较、不生事、自我奉献、愿意付出，是组织的“好战士”（Good Soldier）。这些行为虽然并不是组织规章所明确要求的，也可能并不对组织的整体绩

效产生直接贡献，但从长远上看，仍有利于提高组织的效能或生产力。这些行为是典型的组织公民行为（OCB）。

OCB 的思想源头最早可追溯到 Barnard（1938），他指出了合作对于组织生存与发展的重要性，并提出“合作的意愿”（Willingness to Corporate）对组织系统至关重要，这种意愿并不是一种纯粹的经济交换，亦即其并不仅是契约内规定的义务，而是一种个人自动自发的贡献（Organ，1988）。

后来，Katz（1964）提出了组织有效运行的三种必要行为，其中第三种是“执行并超出工作角色的自发性行为”，这是一种角色外行为，是处在工作范围与岗位职责之外的，Organ（1988）将其称之为“组织公民行为”。Katz（1964）认为，如果缺乏这种行为，则组织将只是一个易碎的社会系统，而且这些角色外行为也与组织的竞争力大有关系。

Bateman 和 Organ（1983）正式提出了 OCB 的概念：“公民行为是未包含在正式的工作说明书中，但为组织所需要之行为”，员工的利组织的行为与态度，其来源并不是组织规章或契约规定，因此，OCB 是员工在不考虑组织认可或正式奖励的前提下，自我决定这种非正式的贡献。概念一经提出，便受到众多学者的关注，其他学者也对 OCB 的含义做了界定和探讨，但总的来说仍是 Organ（1983，1988，1997）的几次定义最被认可、最有影响。国外学者对 OCB 的主要定义整理如表 2-1 所示。

表 2-1　OCB 的经典定义

学者（年份）	定义
Katz（1964）	角色外行为是员工主动执行超出工作角色范围的自发性行为
Bateman，Organ（1983）	OCB 指那些来自于组织规章或契约规定之外的、对组织有利的行为与态度
Smith，Organ & Near（1983）	OCB 分为：利他行为，员工工作中的主动助人行为；一般顺从，员工工作角色上的尽职行为
Organ（1988）	未被组织正式的薪酬制度所承认，但整体而言对组织之整体运作绩效有益的各种员工自发性行为
Organ（1997）	有利于保持和增加员工任务绩效的社会和心理环境行为
Podsakoff et al.（2000）	OCB 是员工的自发性行为，属于员工—组织间的契约或默契，是一种信念

资料来源：本研究整理。

（二）OCB 的理论基础

总体而言，目前国内外研究 OCB 的主要视角有社会交换理论（Social Exchange Theory）、心理契约理论（Psychological Contract Theory）、组织认同（Organizational Identification，OID）理论及印象管理（Impression Management）。

1. 社会交换理论

传统意义上 OCB 的研究一直以社会交换理论为尊。Bateman 和 Organ（1983）在最初提出 OCB 的概念时明确指出，OCB 的理论基础应当是社会交换理论和社会心理情感（尤其是个体的积极情感）。员工先感受到组织的支持与关怀，并判断其对自己有益时，员工会投桃报李，希望能够对组织也进行适当的回报，而由于 OCB 能为员工自由度量，因而常常成为回报的主要方式。

社会交换理论一般倾向于认为，人类的一切行为都受到某种能够带来奖励和报酬的交换活动的支配，个体与组织间存在一种交换关系：组织期待个体创造的价值和贡献；个体则期待组织对其贡献做出合理的奖励。组织行为学中往往将社会交换分为两个层面（Asgari et al.，2008）：一是个体—组织的关系，即体现为上述的交换关系；二是员工—主管间的关系，常称为领导—部属交换（Leader-Member Exchange，LMX），这更强调一种人际关系，注重“关系交换”（林南，2004）。社会交换理论对 OCB 的解释是——当这两种社会交换达到较高程度时，即员工感到来自组织的公平、尊重、支持及认可等积极情感时，出于对组织的信任与满意，为回报组织而表现出 OCB（Organ，1988）。

2. 心理契约理论

对 OCB 具有较强解释力的另一理论是心理契约理论（徐长江、时堪，2004）。部分学者对社会交换理论在组织行为领域的适应性提出了质疑，Gould（1979）认为，作为社会交换理论核心的互惠规范（Norm of Reciprocity）只单方面地关注到员工—组织关系的当前回报，而事实上员工对组织在未来所能给予的回报也有一个预期（Rousseau，1989），心理契约则同时关注了这两个时点，因此可能比社会交换更适于解释员工行为（Coyle-Shapiro，2002）。

心理契约是个人对于自己与对方的互惠交换协议中的事项以及约定的信念（Rousseau，1989），简言之，即雇佣双方彼此对对方义务及自身所得的主观心理约定。员工对心理契约的感知主要是组织所能提供的当前诱因与未来预期：当员工认为组织确实履行了当前责任，员工对此则有一种反应式的回报；或者，当员工对组织提供的未来预期较高时，员工会对此在行为上进行一定的“事前投资”，而 OCB 则是其重要的表现形式（Coyle-Shapiro，2002）。于桂兰、陈明等（2013）对 OCB 和心理契约的关系进行了元分析，也得出了类似观点。通常，心理契约对 OCB 的理论逻辑是：员工对组织当前所能提供的诱因与未来可能获得的收益感到满意，为维持目前及未来所得，也为回报雇主履行其责任，员工基于双方的心理契约感知从事工作场所的 OCB。

3. 组织认同理论

组织认同常用来解释组织边界中个体的态度和行为（Miller et al.，2000），是指“员工将自己看作组织的一分子，为自己的组织成员身份而自豪，进而对组织的愿景、目标和价值观产生一致感，并将组织的利益纳入工作行为中（Miller et al.，2000）”，强调个体归属于群体的一种知觉，是员工以组织成员的身份定义自我的一种状态（Mael & Ashforth，1992）。

由于组织认同强调个体行为的基础是对自己所属群体的认同感，不难理解，认同理论会如何解释员工的 OCB：个体与群体双方的相互作用——群体对个体的规范性及个体对团体的情感归属；认同不仅强调员工对所属组织价值观的接受，更重要的是将其内化为一种思想意识并与组织保持一致，从而规范个体的行为。具体而言，当员工对组织的价值观越认同、越一致，其组织荣辱感越强，越注重组织的利益，也越可能自觉自愿地为组织履行 OCB。这是一种内在激励，来源于员工情感中与组织的共同认同，而非单纯的交换或契约关系。Hui，Law 和 Chen（1999）的研究很好地诠释了认同基础的 OCB，他们发现组内成员（如与上司交换有价值的资源的员工）履行 OCB 的次数明显比组外成员（指那些与上司的关系仅限于正式契约关系的员工）多。

4. 印象管理

前三种视角都侧重于积极的情感或认知，其动机往往是利他的，展示了 OCB 的积极面。但这些看法却受到另一种观点的挑战：OCB 的印象管理动机。

印象管理观认为，员工在面临晋升或考评时才展现出较多的 OCB，因为这可以给他们带来更多的机会（Hui，Lam & Law，2000）；OCB 会带给员工一些额外好处（Bolino，1990），因此 OCB 可能只是员工在实施印象管理，扮演领导眼中的“好演员”，提升自己的形象，从而使自己获得相关的利益，未必是组织的“好战士”（Bolino，1990）。通常在主管眼中，一位高 OCB 的员工，其绩效亦不会差，员工因而利用各种可能的时机，在其外显行为上表现出高度 OCB，以提升主管的评价。出于这种目的，员工的 OCB 完全是出于功利性动机，在考核或晋升前，员工会在“恰当的时机”使领导察觉自己为组织履行的公民行为，一旦达到目的，在此之后，员工则很少或根本不履行 OCB（Hui et al.，2000）。在这种动机下，员工的 OCB 完全是短暂和不稳定的，从长远上看，作为印象管理工具的 OCB 对组织效能的提升是不利的。

二、OCB 的边界拓展——CCB 的内涵

如前所述，以往学界对 OCB 的研究多关注其自愿性和利他性等积极面对组织效能的提高，但后来 Organ（1997）重新修订了 OCB 的定义，将其内涵边界扩展到非利他的公民行为，OCB 的关注点逐渐转向阴暗面，对其含义也进行了相应修订。总体上说，OCB 的含义大致经历了三次重要界定。

第一次是 Bateman 和 Organ（1983）对 OCB 的最初界定：“未被正常的报酬体系所明确和直接规定的、员工的一种自觉的个体行为，这种行为有助于提高组织效能。这些行为一般都超出了员工的工作描述，完全出于个人意愿，既与正式奖励制度无任何联系，又非角色内所要求的行为。”这

一界定暗含着一个重要假设：理论基础是社会交换理论，情感基础则来源于个体的积极情感。此外，该定义至少隐含了两个基本原则：动机上是利他（组织）的，情感上是自愿的。这些假设和原则被当时大多数学者认可并成为之后一系列研究的理论依据。

后来，研究者们逐渐发现，有些 OCB 并未满足上述假设或原则，但在客观结果上可能仍然有利于组织。因此，Organ（1997）在原有基础上进行了一次重要的修正，将 OCB 界定为“有利于保持和增加员工任务绩效的社会和心理环境行为”。实际上，这相当于将 OCB 的利他性和自愿性原则推到了边缘，等于间接承认了组织中一些非自愿的和自利的行为也可能属于 OCB 的范畴（彭正龙等，2010）。这次修正虽然一定程度上扩大了 OCB 的边界，但仍隐含了一种结果导向的内在逻辑，即员工的 OCB 也许出于非利他或非自愿，但其客观结果仍会提高个体的工作绩效，从而有利于组织。此后学界开始越来越多地关注 OCB 的负面效应。

随着研究的深入，不断有新的假设和视角提出来。人们已经越来越意识到，员工所表现出的 OCB 并不总是无私的和自愿的，还可能有各种自利的和非自愿的行为，而且这种行为通常并不能提高组织效能，反而有可能损害组织绩效。很多学者虽注意到了这一现象并做了相关研究，但大多将其作为 OCB 的负面效应之一来考察，基本未曾涉及其内涵的边界问题。Vigoda-Gadot（2006）重新审视了 OCB 的含义，提出 CCB 的概念，并将其正式定义为“员工感受到来自主体、客体及（工作）环境的压力，而被迫表现出的一种非自愿性的公民行为”。这一行为的表现形式与 Organ（1983）传统意义下的 OCB 已有了极大的出入：

第一，从情感上看，OCB 强调自愿原则；CCB 则是迫于压力表现出的有违自身意愿的强制性行为。

第二，从结果上看，OCB 往往带来个体乃至组织绩效的提升；CCB 长远上则有可能不利于组织效能的提升。

三、CCB 的形成机制

传统 OCB 存在着一种既定假设，即 OCB 是个性变量和情境变量交互作用的产物，员工是基于某种人格倾向或责任感而帮助他人或组织的。但后来人们发现传统 OCB 的“自愿原则”并不能对组织中有些 OCB 现象做出很好的解释，因此，部分学者对此进行了一些颇为有益的反思与尝试，试图发现自愿原则之外的 OCB。

Zellas 等（2002）研究指出，主管的一些行为可能有意无意地“诱导”员工，使其展现更高水平的 OCB。具体而言，管理者或组织在进行工作安排或说明职责权限时，可以通过模糊角色内外的工作界限，从而扩展员工的本职工作范围，使一些本属于角色外的行为成为其工作职责，导致员工行使 OCB。他指出，这种情形下员工行使 OCB 是因为管理方刻意追求高水平 OCB 以使个体产出最大化，并不代表员工自己的真实意愿，这种 OCB 常常是“被迫无奈”的行为。

涂红伟（2011）从暗示理论视角解释了 OCB 是如何形成的，他认为 OCB 是潜暗示的结果，在潜暗示的刺激下，员工会扩大其感知的工作范围，将 OCB 作为其本职工作。组织对 OCB 的关注不仅直接暗示 OCB 是组织所期望和赞许的，还产生一种间接暗示——OCB 是与奖惩挂钩的，这不仅增加了员工把 OCB 作为本职工作的可能性，也使其获得了 OCB 带来的满足感，进一步刺激他们表现出 OCB。该观点与 Zellas 等（2002）的解释有些类似，暗示也可看作一种“诱导”，只是手段更加隐蔽与高明，不易为人所察觉。

Vigoda-Gadot（2006）则以强制说服理论（Coercive Persuasion Theory）为基础阐述了组织中 CCB 的形成。强制说服是一种社会影响策略，通过利用强制手段、压力、说服、权力和/或人际间及群体基础的影响，（对他人）形成潜在的行为及态度改变。通过使用强制策略，在权力范围内拓展一线员工的角色定义，并以低成本与增加绩效和产出的目标增加员工压力，以使其履行 OCB。

从以上分析可知，虽然对 CCB 形成的解释视角略有不同，但诱导观、暗示论及强制说服理论，其核心要点都在于：员工的 OCB 并不是自愿的，而是迫于个体所不可控的外界压力而不得不为之的一种被迫行为。

四、CCB 的存在性及其测量

当前直接与 CCB 相关的研究并不多见，主要集中在组织中 CCB 的存在性、其测量及结果变量等几个方面。

（一）CCB 的存在性

在 CCB 概念形成以前，有不少学者意识到组织中可能还存在非利他/组织、非自愿的 OCB，并进行了相关探讨。虽然当时的认识并不清晰，测量也不成熟，但仍有部分学者敏锐地洞见到 CCB 的存在，并陆续得到相关研究的证实。

Van Dyne 等（1994）指出，角色内行为与角色外行为之间的界限太过模糊，因此，组织可能由此入手“诱导”员工，故意模糊本职工作与 OCB 的界限。研究表明，很多员工将 OCB 看作本职工作的一部分（Zellars et al.，2002）。因此，员工的 OCB 并不总是符合“自愿原则”，有时有些领导为增加个体的工作绩效，提高组织的产出，可能采取一些极端的管理措施，如辱虐、剥削、专横、威吓、压制、诋毁等破坏性的管理方式，无视员工的时间、精力及自由意愿，强迫员工行使 OCB（Vigoda-Gadot，2006）。

在管理实践中，员工经常面临强大的社会及管理压力而不得不履行非自愿的工作行为，因为毕竟大多数员工不得不屈服于这些压力，即使这样做未必能获得什么正式的奖励或补偿。Vigoda-Gadot（2007）对工作场所的 CCB 进行了实证测量，结果发现 CCB 的确存在于组织之中。张永军等（2010）也指出，组织中存在两类不同性质的 OCB：除了“心甘情愿”的 OCB，也存在一种“被迫无奈”的 OCB。

Makishi（2008）研究了 CCB 在性别上的差异，根据 Organ（1988）的分类，将 CCB 分为对应的五个方面，通过 2（性别）×2（行为自愿 vs 非自愿：OCB 与 CCB）×2（行为类型：利他的 vs 公民的）的实验设计，结果发现女性在利他 CCB（Altruistic-CCBs）与公民 CCB（Civic-CCBs）上的得分比男性高，还发现员工基于 OCB 的绩效比 CCB 更有利。

彭正龙、赵红丹（2011）检验了中国组织情境下 CCB 的存在性，他们认为，儒家传统向来服从权威，上司的权力往往对下属产生重要影响，且中国的权力距离较大，尊卑有序、上下有别，因此可能造成上司对下属的强制行为和要求较西方为多。实证结果发现，中国组织样本下 CCB 平均得分为 3.82，高于 Vigoda-Gadot（2007）研究中的 3.02，这说明 CCB 在中国组织中不仅存在，而且程度比西方要高。

（二）CCB 的测量

当前对 CCB 的测量一般使用 CCB 概念的提出者 Vigoda-Gadot（2007）开发的 5 题项量表：①迫于上司的压力，我要付出额外的努力以满足其工作要求；②公司内有义务加班的习惯；③上司总是期望我在工作上付出更多的努力；④即使不情愿，我也不得不义务帮助其他同事；⑤即使不情愿，我也不得不义务协助上司的工作。该量表在中西方组织情境下均进行过实证测量，显示了良好的信效度（Vigoda-Gadot，2007； 彭正龙等，2011；陈明、于桂兰，2013；Zhao et al.，2013）。本研究也同样使用此量表。

五、CCB 的因果变量研究

（一）CCB 的影响因素

对 CCB 前因变量的研究，国内外学者进行的相关探讨同样并不多，得出的结论也比较集中，影响 CCB 的因素多集中在个体之外的因素，主要与领导行为或组织情境有关。

Zellars 等（2002）检验了上司的不当督导行为对主管评价的 OCB 的负向影响，发现二者之间的关系受程序公正的完全中介，OCB 角色定义则起调节作用，而且不当督导与 OCB 角色定义的交互作用受到程序公正与 OCB 角色定义的交互作用的中介。

Vigoda-Gadot（2006）通过理论分析指出，受竞争的刺激，组织不得不想尽办法提高产出，在巨大的压力之下，可能迫使领导的不当行为加剧，即使是领导无意为之，也会强化员工的被迫感知，形成 CCB。

万华等（2011）从理论上探讨了不当督导对 CCB 的形成机制，他们提出，有三类不当督导行为会导致 CCB 的产生：强制性说服、角色定义和刻意追求 OCB，这些行为会给员工带来沉重的压力感，在压力面前，员工经常只能选择屈服，否则可能会受到惩罚，因此，即使不情愿，员工也要行使 OCB，这种“被迫为之”的 OCB 是一种典型的 CCB。Zhao 等（2013）及陈明等（2013）的实证研究也证实了不当督导对 CCB 的显著预测作用。

此外，Vigoda-Gadot（2007）认为群体压力也可能导致员工展现 CCB。张永军、廖建桥（2010）也指出，员工迫于领导关系和群体压力，可能也不得不履行 CCB；Spector 和 Fox（2010）也认为，组织中很多组织公民行为是由工作情境所致，并非员工的主动行为、自愿行为。

除上述因素之外，有学者认为印象管理也是造成 CCB 的原因之一（彭正龙等，2010）。Hui 等（2000）、Rioux 等（2001）实证研究都显示，员工为获得一定利益或达到某些目的，常采用印象管理的手段展现 OCB。但这些行为中，除非是特殊情况，如考核前多数成员均履行 OCB 而迫使个体也不得不如此（张永军等，2010），大多数时候，个体的这种行为从动机上讲虽违背了利他原则，但从意愿上讲却是为达目的而“自愿为之”的行为，并不违背自愿原则，总体上属于一种自愿性 OCB，而 Vigoda-Gadot（2006）对自愿性 OCB 与 CCB 做了严格区分，因此本研究认为，笼统地将印象管理作为 CCB 的前因变量可能并不合适。

（二）CCB 的结果变量

在 CCB 的结果变量方面，相关研究也刚刚起步，已有研究主要集中于 CCB 对员工行为与感知态度的影响。

Vigoda-Gadot（2006）通过理论分析指出，大多数与自愿性 OCB 相关的一系列工作产出及组织绩效，也同样与 CCB 相关，但方向与前者相反。当员工被迫将更多的精力投入到非正式工作任务中（OCB），且这些超出工作定义的行为并不会获得组织的奖赏时，他们的反应很可能是消极的。他还指出，上司对员工参与角色外行为的压力越高，下属的工作压力与耗竭也越高，这将增强员工的组织政治感，降低工作满意感，增加其离开组织的打算及做出消极行为的可能性。因此，CCB 可能与工作压力、组织政治、离职意向、消极行为及情绪耗竭等正相关。与之相反，CCB 则与创新行为、工作满意度、OCB 及核心绩效（即角色内绩效）等负相关。Vigoda-Gadot（2007）在随后的实证研究中初步支持了上述关系。Tepper 等（2004）的研究也有类似结论，经常行使非自愿 OCB 的员工，其自主性会降低，被强迫感和压力感较高，工作热情与动力不足，从而导致工作绩效低迷。

彭正龙、赵红丹（2011）则检验了中国组织中 CCB 的危害性，研究表明，CCB 与员工的任务绩效、周边绩效、角色内行为、组织承诺均负相关，同时，心理契约破裂在 CCB 与周边绩效之间关系中起部分中介作用，传统性则对二者关系起调节作用，但心理契约破裂与传统性在 CCB 与组织承诺之间关系的作用并不显著。这在 Vigoda-Gadot（2007）的基础上进一步明确了 CCB 对员工工作行为与态度的作用机理及可能的权变因素，为深入研究 CCB 提供了经验证据。

上述探讨均存在一个共同假定，即 CCB 所引起的多数结果是消极的。但 Vigoda-Gadot（2006）同时指出，CCB 在客观上能够提高工作产出的数量，由于 CCB 是直接指向个体的，试图在不对员工的付出实行正式鉴赏的情况下提高组织生产率。因此，虽然剥削型、辱虐型领导的强制行为违反了员工的自由意愿，但员工的 CCB 确实提高了工作的产出，其效果甚至要高于其他一些结构变量（如参与决策、工作自主性）和个人变量（如工作职位、教育、任期）。这与 Podsakoff 等（1993）讨论 OCB 阴暗面时所持观点类似。

六、小结

Vigoda-Gadot（2006）认为 CCB 是 OCB 社会结构的消极反映，因而可以同自愿性 OCB 做出清晰的区分，国内外一些学者已对此领域进行了一些开创性与尝试性的研究，但也正由于这方面的研究刚起步，因而仍存在一定不足。

（1）对 CCB 的关注仍显不足。学界对自愿性工作行为的关注主要集中于其积极面，如 OCB、建言等，但对消极面（CCB、沉默等）的关注则较少。西方学者较早关注到这一现象（Vigoda-Gadot，2006），国内虽也有学者对此进行了研究（彭正龙等，2010，2011），但却未能将其与中国组织中广泛存在的“被”现象相联系，在管理学领域的探讨亦不多见。

（2）CCB 的影响因素尚待明确。国内外关于 CCB 的相关实证研究主要集中于其结果变量的讨论（Vigoda-Gadot，2007； 彭正龙等，2011），对 CCB 的预测因素也多限于理论上的探究与分析（Vigoda-Gadot，2006； 张永军等，2010；万华等，2011），实证上的检验仍十分有限（Zhao et al.，2013）。理论上，不当督导与某些工作情境均可能对 CCB 具有预测作用，彭正龙等（2010）也认为，不当督导是 CCB 的重要预测变量，但这仅仅是从不当督导与 OCB 的负向关系中推论而来，而 CCB 与 OCB 并不完全是一个硬币的正反两面，不当督导与 CCB 的关系研究仍处于起步阶段，尚需加强其直接的实证证据。

（3）CCB 的研究层面有一定局限。无论 CCB 作为自变量还是因变量，现有研究均主要集中在个体层面的探讨上，超个体层面的变量关系仍相当匮乏，如组织文化、团队氛围等是否可以预测 CCB，CCB 又是否对部门绩效、组织产出等产生影响，这些均有待未来研究的进一步深入。

针对以上不足，本研究从中国组织中实际存在的“被”现象出发，主要关注组织中员工的“被迫行为”，以其典型表现——CCB 为出发点与落脚点，探讨 CCB 在中国组织情境中的存在性。同时根据前人文献的理论分析及推演，构建不当督导与 CCB 的关系模型，并进一步探讨二者关系的作用机制及权变因素，以更深入地明确二者的关系。此外，本研究虽也着眼于组织中个人层面变量（主要是领导行为）对 CCB 的影响，但从相关文献与探索性研究中分析一些组织层面（如组织的开放性程度）的可能因素，并将其作为控制变量予以探讨，以从更全面、更广泛的层次了解 CCB。

第二节 不当督导

一、不当督导的理论起源

领导及领导行为的研究历来是组织领域的重要议题，领导有效性的问题更是这其中长盛不衰的焦点问题。领导领域的早期研究一直关注建设性的、成功的领导，试图从这些正面的领导榜样中探索出有效领导的主要特征，然而，随着人们对愿景式、魅力型、变革型领导等正向领导的深入了解，发现这种着重积极领导的传统范式存在一种窘境：无法回答其反面问题，即如果具有某些特征的领导属于建设性的、有效的领导，那么什么是破坏性的、无效的领导呢，是不具有这些特征还是具有与之相反的特征呢？领导研究中的这种积极性偏差提醒着人们——仅关注领导的积极面可能是不够的，正如 Kellerman（2004）指出的“我们从那些所谓坏领导（Bad Leader）身上学到的东西，与我们从现今数量稀少的好领导那里学到的一样多”。因此近些年来，学界逐渐开始关注消极的领导行为。

不同学者研究了不同特征的负面领导行为，并对其进行了不同的命名与界定。严丹（2011）根据 Einarsen 等（2007）的研究，从下属与组织两个角度，在行为的方向性（是否自上而下）、行为的范围（是否包括身体接触）、行为的内容（除敌意外，是否还包含其他内容）及行为的结果（界定中是否表达了所欲达到的结果）四个方面对相关概念进行了较为完整的辨析，本研究在其基础之上做了进一步的整理，如表 2-2 所示。

虽然众多学者对一些消极面的领导行为做了相关界定，但由于研究视角繁多，关注点不一，造成对负向领导内涵与外延的认识并不统一。Einarsen 等（2007）回顾以往负向领导领域的众多研究，对不同视角的负

表 2-2 负向领导相关概念辨析

角度	中文名称	英文名称	学者	界定
下属	不当督导	Abusive Supervision	Tepper (2000)	下属感觉到管理者持续表现言语敌对和非言语敌对行为，但不包括身体接触
	暴君式领导	Petty Tyranny	Ashforth (1994)	强制地、任意地甚至报复性地使用权力与权威的领导
	坏领导	Bad Leader	Kellerman (2004)	那些有说谎、欺骗等腐化行为的领导，或者为个人利益而损害组织利益的领导者
	工作场所侵害	Workplace Victimization	Aquino (2000)	个人感知的来自于其他人（一个或以上）的暂时或反复的有害行为
	工作场所欺凌	Workplace Bullying	Hoel & Cooper (2000)	一定时段内，个人感觉到他人用消极行为对待自己，而自己很难与这种行为斗争从而保护她（他）自己
	主管攻击	Supervisor Aggression	Schat et al. (2006)	作为管理者表现出故意使他人受到伤害的行为
	主管侵害	Supervisor Undermine	Duffy et al. (2002)	为建立良好人际关系、获得成功及博得名声，管理者在工作中有目的的骚扰和加班行为
	消极职场经历	Negative Mentoring Experience	Eby et al. (2000)	指导者和被指导者之间的一些特别的事情，或指导者的特质限制了他们为被指导者提供有效保障的能力
组织	毒性领导	Toxic Leader	Lipman-biumen (2005)	领导者的不正直、虚伪、破坏行为及失范的个人品质，给组织带来持续性危害
以上二者	破坏型领导	Destruetive Leadership	Einarsen (2007)	上级的一些系统的、重复的行为，破坏或妨害了组织的目标、任务、资源和绩效，及下属的工作动机、幸福感或工作满意度，最终损害了组织的利益

资料来源：转引自严丹（2011）及本研究整理。

向领导研究进行了总结，将一系列消极面的领导行为统称为破坏型领导(Destruetive Leadersip)，并给出了相关定义“领导者、监督者或者管理者的一些系统的、反复的行为，这些行为破坏和（或）妨害了组织的目标、任务、资源和绩效，也损害了下属的工作动机、幸福感或者工作满意度，最终损害了组织的合法利益。”

目前为止，破坏型领导领域的研究中，不当督导是其中的典型代表(Valle，2005)，颇受学者们关注，对其所做探讨也较多。

二、不当督导的内涵

（一）不当督导的概念界定

不当督导（Abusive Supervision）[①] 的定义最早见于 Tepper（2000）的研究，他认为不当督导行为是指下属感知到的上司持续表现出来的言语或非言语的敌意行为，但不包括肢体上的接触。语言上的敌意如对下属乱发脾气，羞辱、辱骂下属，公开批评下属，对下属冷嘲热讽，对下属使用侮辱性的称谓，造下属的谣，说下属的坏话等；非语言的攻击如轻视蔑视下属，对下属冷漠、无视，下属取得成绩时不予肯定，不履行对下属的承诺、将下属的功劳据为己有，将过错推给下属、不顾下属感受的高压强制行为等。

这种负面领导行为具有四个主要特征：主观性、持续性、敌意性和非肢体接触（高日光，2009）。主观性指上司的行为是否不当主要取决于下属的主观感知。这一特征极易受到感知主体的人格特征及工作场所环境等外在因素的影响，因此，不同下属、不同场合对同一上司行为的评价很可能表现出较大差异。持续性指不当督导行为是在上司和下属共事的整个时期经常表现出来的敌意行为，而非偶然发生（如主管偶尔心情不好）。敌意性指下属自我感知到的领导行为是不友好的。非肢体接触指不包括身体接触的敌意行为，体罚、殴打等攻击行为属于暴力行为，不在不当督导范围之内。与直接的肢体接触相比，非肢体接触对员工的伤害可能略小，但其发生频率远远高于前者，所造成的隐性摩擦更频繁，对员工的累积伤害也不容小觑（Wu，2009）。此外，还需注意的是，不当督导是一种实实在在的、显性的行为表现，那些隐性的、无法为人所见的潜在行为倾向不属

---

① 目前国内学术界关于 Abusive Supervision 的翻译仍未有定论，有的学者直接将其译为“破坏型领导”（高日光，2009）；也有译为“辱虐管理”或“辱虐式领导”（吴隆增等，2009）；还有些译为“不当督导”（吴宗佑，2008；李锐等，2009），考虑到第一种译法不甚准确，第二种在汉语意义上显得过于消极，从定义上看，其行为表现大多并未达到“辱虐”的程度，因此本研究认为台湾学者吴宗佑（2008）等的译法较为合适，比较准确地反映了定义中行为的程度，因而亦采用“不当督导”这一译法。

此范畴；而且不当督导的结果常常是消极的，即使上司的某些行为是无意的，但在客观结果上仍给下属带来情感或心理上的伤害。

（二）不当督导的理论基础

虽然不同学者在其研究中用以解释不当督导行为的理论并不统一，如用以解释不当督导成因的最常见的公平理论、互惠原则及心理契约等，但从援引的频率次数及解释力上，仍以社会交换理论为最。

公平理论认为员工对组织公平与否的感知会影响到员工的工作态度及行为，当员工感到公平时，作为交换他们会展现出对组织有利的行为，反之，当他们认为组织不公时，则减少这些行为甚至产生破坏行为（Tepper，2006；Aryee，2007）。

心理契约理论认为，当个体感知雇主履行了相应的责任时，他们也会通过履行自己应承担的义务以维持这种情感交换的平衡，一旦一方知觉另一方未能履行其义务，则很可能会产生消极情感与行为（Hoobler & Brass，2006）。

社会交换理论通常更强调情感基础上的交换关系（Blau，1964），如前所述，员工知觉到组织或主管的关怀、认可、尊重、支持时，会对组织或主管产生信任感，增加满意感与义务感，进而通过履行一系列利组织的工作行为来回报组织（Cropanzano & Mitchell，2005）。

从对这些理论的分析可以看出，相关理论的很多解释与社会交换理论都存在一定程度的交叉，甚至可以说，在一定意义上是社会交换理论的延展：在社会交换原则下，当下属感知到自己受到了上司的不当对待时，对上司的信任降低，与上司之间的情感联系也遭到破坏，会产生一种“消极互惠”，通过减少积极的工作行为来回应主管的不当行为。

三、不当督导的测量

目前学界比较认可、比较成熟的不当督导测量量表主要有两个，一个是 Tepper（2000）开发的不当督导量表，在参考其他领域及管理文献中有关非肢体不当对待他人的行为描述的基础上，形成了一个包含 15 个题项的量表，均为正向计分，如“我的主管会责怪我以免除自己的尴尬”、“我的主管为其他事情气恼时会把怒火发到我身上”等，Cronbach α 系数为 0.95。但由于均是评价主管的负面行为且题项较多，为避免员工的抵触情绪，Tepper（2000）在以上 15 题之外增加了 13 个正面题项，不用于测量任何变量，只用来缓和被试的反感，如“我的主管尊重我的个人感受”、“我的主管是我的好榜样”等。

Mitchell 和 Ambrose（2007）对 Tepper（2000）15 题项量表的数据进行了再分析，发现了两个成分：一是主动性不当，如贬低下属；二是被动性不当，如无视下属。出于测量便利性的考虑，他们将其缩减为 5 个题项：①我的上司常常在别人面前说下属的坏话；②我的上司常常在别人面前贬低下属；③我的上司常常说下属的想法和感受是愚蠢的；④我的上司常常嘲讽下属；⑤我的上司常常说下属的工作能力不足，均为正向计分，Cronbach α 系数为 0.92。

国内外相关研究证实两个量表均具有良好信效度，本研究遵从 Tepper（2000）的建议，考虑测量时被试的反感与抵触，但若采取正面题项进行缓和，则整个量表显得过于冗长、烦琐，因此采用 Mitchell 和 Ambrose（2007）的短式量表，并将其中个别题修正为正面表达，既作为缓和，又可作为反向题项。

四、不当督导影响因素研究

以往不当督导领域的研究着重关注的是其所引起的后果，对不当督导产生原因的探讨相对较少，其中最著名的莫过于 Padilla 等（2007）提出的毒三角理论模型，该模型从三个方面讨论了破坏型领导产生的原因，如图 2-1 所示。

目前的研究一般将不当督导视为替代攻击，即认为当直线主管遭遇不当对待并感知进行报复的可能性很低时，他们会将怒火转移到无辜的下属身上（李楠楠等，2009）。根据 Padilla 等（2007）的模型及其他学者的相关研究，不当督导的产生可大体概括为四个方面的因素。

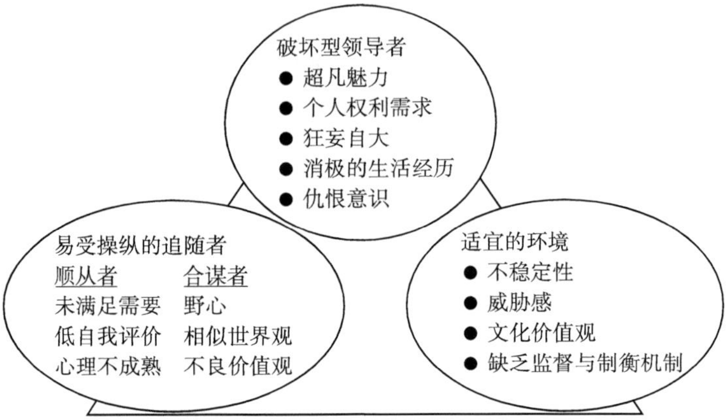

图 2-1　Padilla 的破坏型领导毒三角结构模型

资料来源：Padilla，Hogan & Kaiser（2007）.

（一）管理者个人特征

Padilla 等（2007）在其毒三角模型中，比较全面地剖析了破坏型领导者的个体特征，领导者的超凡魅力、强烈的个人权利需求、狂妄自大、消极的生活经历及仇恨意识等特征同样也可能是主管不当督导行为的重要诱因。

Tepper 等（2006）指出，管理者的沮丧情绪可能会影响不当督导的形成，当上司情绪抑郁时，容易将“不爽”转移给下属，尤其是当下属的消极情感较高时，这种作用会更明显。

Aryee 等（2007）研究发现，高独裁主义的管理者容易引发不当督导问题。这种类型的管理者可能更加集权，对权力的高度控制往往导致缺乏监督与制衡，进而使其盲目自大甚至为所欲为，甚至采取威压方式控制员工服从权威，这有可能引发主管的不当督导行为。

Tepper 等（2011）以道德排斥理论为基础，探讨了管理者与下属间深层次差异性感知（管理者觉得下属的目标、态度、价值观等与自己截然不同）、管理者与下属的关系冲突感知及管理者对下属绩效的感知与其不当督导行为的关系，其研究指出，管理者的深层次差异感知会诱发不当督导行为，而且管理者对下属绩效的感知及其与关系冲突的交互作用在二者关系间起中介作用。

（二）下属特征

毒三角模型指出，敏感型的下属遭受主管不当对待的可能性较高，这种员工往往基本需求未得到满足、对自我的评价较低（自尊感、自信心不高）、心理也不成熟（懦弱、缺乏主见），容易诱发主管的替代攻击（Padilla et al.，2007）。

消极情感高的下属也容易遭到不当督导，因为这类员工脆弱、能力有限、不足以保护自己，是不当督导的“安全”目标，因此更易遭受主管的替代攻击。此外，工作绩效特别差的员工往往不讨上司喜欢，即使没什么其他过错，也可能被主管“看不顺眼”，成为被迁怒的对象，引发主管的不当行为（Tepper et al.，2006）。Aquino 和 Bradfield（2000）的结论也与之有所交叉：工作场所中有两类员工容易受到管理者的不当对待：一是表现得软弱和服从的下属；二是喜欢挑衅和不受领导喜欢的下属。

（三）组织情境因素

组织公正是不当督导前因研究中最为常见的因素。Tepper 等（2006）指出，管理者感知程序不公正对其不当督导行为有预测作用，且主管的沮丧情绪在二者关系中起中介作用。

Aryee 等（2007）发现，主管的人际不公正感知与不当督导呈正相关关系，且受主管独裁主义倾向的正向调节，即该倾向越高，上述二者关系也越大。

Hoobler 和 Brass（2006）认为遭遇心理契约破坏的主管更可能对下属实行不当督导，而且在敌意归因偏差（即将敌意投射到他人行为中）的主管身上体现得更明显。

（四）外在环境因素

毒三角模型指出，“适宜的”环境因素会滋生破坏型领导行为。当情境不稳定、管理者知觉到威胁、不同的文化价值观及监督与制衡机制缺失时，管理者的不当督导行为更易发生（Padilla et al.，2007）。Hmieleski 和 Ensley（2007）的研究证实了环境的影响：行业环境的不确定性程度越高，组织所面临的复杂性、易变性、不可预测性及风险性越高，管理者受到的压力也越大，从而增加了他们实施不当督导的可能。

Tepper（2007）也倡导跨文化不当督导研究的必要性，他认为文化价值观的差异如权力距离高低、集体主义程度、不确定性规避倾向及传统性与现代性的取向等社会文化环境因素，可能在一定程度上影响到不当督导的发生。

五、不当督导结果变量研究

学者对不当督导所产生后果的研究相当丰富，有学者认为不当督导可归为 Einarsen 等（2007）划分的暴君型领导，因为它一方面直接侵害了下属的利益，同时又处在组织规范之内，并不直接对组织造成损害（朱月龙等，2009），因此在外在形式上表现为“不利下属却利组织”[①]，但实际上，它是通过影响员工的工作态度及行为而间接地给组织带来损失。

现有研究也基本上与上述观点相吻合，各研究间相互印证得出的结论也比较一致，总体而言，上司的不当督导行为会给员工的心理情绪、工作态度、工作行为及工作产出等带来负向影响。

（一）不当督导与下属消极工作行为

Cropanzano 和 Mitchell（2005）从社会交换原则理解不当督导与下属的反应之间的关系。主管的不当行为常常引发下属的消极反馈，在工作场所主要表现为受到上司不当对待的下属可能会表现出工作偏差行为（Deviant Behavior）、攻击行为（Aggressive Behavior）及反抗行为（Resistance Behavior）、退却行为（Withdrawal Behavior）等（李楠楠等，2009）。

1. 偏差行为

工作偏差行为是这样一种行为，它们违反了组织的规范而且对组织和员工造成了威胁。Mitchell 和 Ambrose（2007）指出，不当督导可能导致两

① Einarsen 等（2007）从下属与组织两个维度对破坏型领导进行了分类，两者均指向相反的两端，即利下属和不利下属的行为及利组织和不利组织的行为，且指向下属和指向组织是两个独立的维度，两两交叉形成四种类型：建设型领导（利下属利组织）；狭隘型领导（利下属不利组织）；越轨型领导（不利下属不利组织）和暴君型领导（不利下属利组织）。

种工作偏差行为：一种是受到不当对待的下属将不满归结为主管，进而直接向其实行报复行为，称为主管导向偏差行为；另一种即为前文提到的替代攻击行为，即当遭受侵犯的员工感知到报复主管希望渺茫或代价惨重时，往往将愤怒转移到组织或他人，这将引起组织导向和人际导向偏差行为。由于不当督导客观上为员工各种工作偏差行为的产生提供了条件，因而与这几种偏差行为均正相关，且组织和人际导向的偏差行为的发生频率远较主管导向为高，前两者中又以人际导向偏差最为常见。研究还显示，下属的报复信念在不当督导与主管导向的偏差行为之间关系中可能起权变作用，那些持“消极互惠”观念（即“一报还一报”，认为报复是对不当对待的合适反应）的下属，更可能产生偏差行为。

Tepper 等（2009）以权力与依赖理论为视点，发现不当督导与偷窃、怠工、迟到早退、敷衍了事等组织导向的工作偏差行为正相关；而且，当员工离职意向比较强时，敢于实行更多的组织和主管导向偏差行为，尤其是后者。

2. 攻击行为

不当督导与下属攻击行为的关系也常见于研究中。组织中的攻击行为指个体故意对组织或其他组织成员造成伤害的行为（Baron & Neuman，1996）。Inness 等（2005）指出，不当督导会引发下属对主管的攻击行为，且下属的攻击历史（类似的攻击行为在以前发生与否、频次多寡等）起着调节效应，当下属以往的攻击历史更高（即更具攻击性）时，二者的相关性更强。Dupre 等（2006）也得出相似结论，人际互动不公平和不当督导的交互作用诱发下属对主管的攻击行为，且工作目的对二者关系有调节作用：当员工由于经济原因而工作时，二者间关系较强；当工作目的出于自我实现的需要时，变量间关系较弱。

不当督导产生的人际偏差行为可能使同事或家人遭受替代攻击。Schat 等（2006）研究发现，不当督导还可能造成下属对同事的攻击行为，个体的愤怒情绪在其中扮演中介作用，不当督导激起下属的愤怒情绪，进而增加对同事的攻击性；而 Hoobler 和 Brass（2006）则发现，不当督导与家庭暴力相联系。

3. 反抗行为

从常识与逻辑上看，上司的不当督导行为会引起（部分）员工的抵制和反抗。现有研究也基本证实了这种推断。Tepper 等（2001）研究表明，不当督导与员工的失功能性反抗（Dysfunctional Resistance，如拒绝主管的要求）显著正相关，且二者关系受下属大五人格的调节，当下属的责任心和宜人性得分较高时，这种关系会减弱。这说明只有部分遭受不当对待的员工（即责任心和宜人性均较低的员工）会进行反抗，原因可能在于，高责任心的员工往往自尊较强、注重维护组织声誉；高宜人性则代表宽和、理解，通常对上司的不当督导行为容忍度较高，因而这些员工一般不会主动反抗主管的不当行为。

Bamberger 和 Bacharach（2006）则发现不当督导与工作场所的问题饮酒（Problem Drinking，被视为员工象征性地反抗上司的一种抵制形式）正相关，经历不当对待的员工可能“借酒消愁”，二者关系同样受下属责任心和宜人性的调节作用，作用的方向与形式与 Tepper 等（2001）的研究类似。

4. 退却行为

Gupta 和 Jenkins（1991）将退却行为定义为：员工察觉到组织有令其反感的状况时，身体与心理上对远离组织的自主反应将增加。郑仁伟（2012）等研究探讨了不当督导对印象管理和退却行为的正向影响，上司的不当督导会显著增加下属的印象管理和退却行为，而且表层扮演（Surface Acting）与深层扮演（Deep Acting）分别在不当督导与印象管理及退却行为之间起中介作用。具体而言，上司的不当督导增加了下属表层扮演的可能性，进而促进其印象管理行为的发生；且不当督导也同时增加了下属的深层扮演行为，迫使他们调整认知以符合情绪表达，减少了其退却行为的发生。

（二）不当督导与员工心理及态度变量

不当督导对员工心理反应及工作态度的影响也为大多数研究所证实。

心理反应通常涉及个体的心理反应及情绪状态等，当前研究已发现不当督导与下属的诸多心理变量有关，如焦虑感、沮丧感、情绪耗竭及工作压力等正相关，与幸福感、生活满意感、自我效能感等负相关；工作态度上，不当督导与下属的自尊、工作满意度、组织承诺、组织认同等显著负相关，与离职倾向、工作倦怠等则正相关（Tepper，2000，2009；Aryee et al.，2007）。

不当督导与下属的部分心理及态度指标的作用是通过其他变量传递的，如员工的不公正知觉（Tepper，2000； Aryee et al.，2007）、情绪劳动（一般指压抑、忍耐消极情绪）（吴宗佑，2008）、领导—成员交换关系（LMX）（Tepper，2009）等，即主管的不当督导行为会首先引发下属的不公正感知，或增加其情绪劳动的程度及降低 LMX 质量，进而影响其心理反应。

当然，也有些变量作为边界条件对以上关系起权变作用，这说明主管的不当督导对不同心理反应的作用方式和程度可能是不同的，不当督导对下属消极感知影响程度的大小随权变因素的不同而有所变化，典型如下属的应对策略（如逢迎）与正面情绪（Harvey et al.，2007）、社会支持的来源及多寡（Hobman et al.，2009）、下属知觉的主管权力（吴宗佑，2008）、下属的沟通方式（Tepper & Lockhart，2001）等变量的权变作用已得到相关验证。

（三）不当督导与员工工作绩效

不当督导会显著影响员工的工作态度，而后者与工作的产出密切相关，因此，从逻辑上看，不当督导与工作绩效的关系也应当是显而易见的。现有研究也证实了这种推测，不当督导往往对下属工作绩效产生消极的影响。

首先，不当督导会降低员工的角色内绩效（Tepper，2000；Harris et al.，2007），且对下属知觉的工作意义起正向调节作用；其次，不当督导也与下属的角色外绩效负相关，情绪耗竭和组织结构对二者的关系分别起完全中介和调节作用（Aryee et al.，2007）。

高日光（2009）同时检验了不当督导对角色内与角色外绩效的影响，

结果发现中国情景下不当督导行为表现得更明显，且不当督导的负向作用十分显著，下属的组织公正感知在不当督导与周边绩效及情感承诺的关系中起完全中介作用，在其对任务绩效的影响中则起部分中介作用。

（四）不当督导与员工角色外行为

不当督导对下属角色外行为的影响也是明显的，而最典型的角色外行为则莫过于 OCB 与建言行为，相关研究探讨最多的也是这两方面。

与 OCB 的关系上，研究已明确不当督导与个体 OCB（Zellars et al.，2002；Aryee et al.，2007；吴隆增等，2009）及群体 OCB（Hmieleski & Ensley，2007）均显著负相关，且程序公正、人际互动公正、主管信任等在其中充当中介角色，对 OCB 的角色定义及行业环境的不确定性等则起调节作用。

与建言行为的关系上，学者也从不同的视角和机制检验了二者的关系，发现二者呈负相关，其中组织支持感与下属对上司地位的感知（李锐等，2009）、组织自尊与员工的控制点（严丹，2011）及心理安全感与不确定性规避（吴维库等，2012）分别在该关系中起完全中介和调节作用。

（五）不当督导与员工应对行为

研究显示，适当的应对方式可缓解不当督导所带来的负面影响（Tepper，2006，2007）。员工对不当督导的应对方式一般有两类：一类称为逃避性应对，即面对主管的不当行为，下属碍于各种原因（通常是害怕），选择以其他行为转移当前感受，如躯体及心理退缩、与主管保持物理距离、避免与主管的接触、不去工作、药物和酒精依赖等，这是一种消极的应对方式，可能会使下属在与主管的互动关系上处于被动；另一类称为主动性应对，即跟主管进行直接沟通，向其表达自己的真实感受，使其了解自己所体验到的不公正，这种应对方式比较积极，但须注意一定的技巧（Tepper，2007）。虽然以主动策略应对不当督导效果更好，但研究发现遭逢不当督导的员工采取逃避性策略的可能性更高（Tepper，2006）。

六、小结

作为一种典型的负向领导，不当督导的内涵、测量、理论基础、诱因及带来的消极后果在学界得到了广泛而深入的探讨，但仍存在一些不足之处。

（1）国内对不当督导的关注仍略显不足。西方学界自 Tepper（2000）正式提出不当督导的概念及测量以来，吸引了众多学者的广泛关注，十几年来涌现出大量相关的研究，并取得了较为丰富的结果。但国内学界则在近几年才逐渐关注负向领导行为，对不当督导的探讨在数量上不仅远不如西方，在关注度上甚至也不及变革型领导等正向领导，但正如 Kellerman（2004）所言："从消极领导所得到的启发丝毫不逊色于正向领导"，而中国组织情景下的家长式领导及威权管理在企业中也十分常见，上司的强制、专权及教诲均有可能被下属视为不当督导（郑伯埙，1995；郑伯埙、周丽芳、樊景立，2000），因此对国内组织中不当督导行为的研究不仅具有一定价值，而且也是必要的。

（2）对有些特定结果变量的关注不够。当前研究已表明，不当督导不仅影响员工的心理健康和工作态度，还诱发员工的消极工作行为及减少角色外行为。这些工作的一个共同点是：均是员工主动选择的行为，在这个过程中，员工可能明显感知到上司行为的不当性，但员工后期的行为表现则是自由意愿下的选择，很少涉及被迫感知。但翻开硬币的另一面，不当督导与员工被迫行为（如 CCB）的关系则鲜有研究予以探讨。从逻辑上，二者的关系是肯定的：主管通过不当督导行为给员工带来沉重的压力与威胁，此时员工实行 OCB 会有一种"被迫无奈"的感知（即 CCB）。虽有学者对二者间可能的作用机制进行了理论分析（万华等，2011），但相关的实证证据却并未出现。

针对以上不足，本研究从组织中的被迫行为开始，关注并探索其可能的原因——不当督导，试图探究国内组织情境下这一典型的负向领导行为及其与员工被迫行为的关系，以进一步明确二者间的关系，丰富不当督导的效标结果。

第三节 上司压力

一、上司压力的内涵

压力（Stress）最早是工程学上的词汇，Selye（1956）最早将其引入社会科学领域，并将其界定为“身体为满足需要所产生的一种非特定反应”（转引自纪宏儒等，2003）。在组织领域，对员工的压力管理也一直是事关职业健康与福祉的重要议题（Offermann & Hellmann，1996）。而上司压力（Obedience Pressure）[①] 则是员工工作场所压力的一个主要来源（DeZoort & Lord，1994）。

学界早期对压力管理的研究主要关注于可能潜在的缓解、调节甚至消弭工作压力的组织及人际因素，以改善个人对压力的应对方式（Ivancevich，Matteson，Freedman & Phillips，1990），但这种做法可能忽略了这样一种情境：来自于他人的、职位的或职权的压力，亦是产生与调适员工压力感知的重要因素，在组织中，这尤其明显地体现在领导职位上（Offermann & Hellmann，1996）。

顾名思义，上司压力主要是指来源于上司的命令（尤其是不当命令）给下属带来的压力感（DeZoort & Lord，1994；付泽伟，2006）。上司压力的理论来源是权力理论（Power Theory），后者普遍用于解释组织中的人际关系，常发生在两类个体之间的动态过程：作为影响代理人（Influencing Agent）的影响源与作为目标者（Target）的影响接收方（Eagly & Chaiken，

① 直译为“服从压力”，但这在汉语上容易形成歧义，且主要探讨上司的命令对下属造成的压力，台湾学者付泽伟（2006）等将其译为“上司压力”，本研究亦采用之。

1993；DeZoort & Lord，1994）。代理人超越目标者的影响可以概化（Conceptualize）到社会情境的权力范畴，代理人—目标者的关系可以通过权力的六大人际维度进行评估：奖赏权、强制权、法定权、参照权、专家权及资讯权（French & Raven，1959，转引自 DeZoort & Lord，1994）。由于权力所带来的控制程度取决于个体对具体权力基础的利益与风险感知，因此这些权力导致工作组织中上司对下属的可控性增加（DeZoort & Lord，1994）。

经典的权威困境论（Authority Paradigm）指出，处在上司压力下的下属（目标者）将与自主状态脱离，逐渐转为代理状态，这种转换至关重要，因为目标者变成了权力源的代理者，责任也相应转移。代理状态下的目标者很可能屈服于外在情境的力量，脱离自主思考可能导致服从行为，甚至，即使当行为与自身态度及信念冲突时也是如此（Milgram，1974；DeZoort & Lord，1994）。

一般地，服从可以从两大术语进行分析：信息影响（Informational Influence）与规范影响（Normative Influence）（Campbell & Fairey，1989；DeZoort & Lord，1994）。Eagly 和 Chaiken（1993）亦将权力的六大人际维度归入这两大类，信息影响的基础是个体对“正确性”的需求，作为信息来源的其他人的信息会对个体的服从行为产生影响，这种情况下，人们服从是因为他们相信来自其他人的信息是正确的；而规范影响的基础则是个体最大化其社会结果的需求，与他们是否相信他人正确与否无关（DeZoort & Lord，1994）。

社会认知理论也为员工压力的领导者及下属视角提供了良好的理论基础。作为下属的观察人，领导者可能犯基本归因错误（Fundamental Attribution Errors），将压力反应归结为下属自身而非下属工作的组织环境（如组织结构或组织中的人）。甚至更有可能，自我服务偏见（Self-serving Biases）的作用会提升有利的自我形象，这可能促使领导者不会承认其行为造成了下属的压力体验或未能采取措施应对之。而下属作为行动者，可能对外在组织环境的影响更为关注，感受也更为深刻，包括上司对其压力水平的影响。这些心理过程以两种相对应的、较稳定的方式反映出来，即上司低估了其自身行为对下属压力的影响（上司视角）；下属则能更准确地意识到上司行为在其压力产生中起到的作用（下属视角）（Offermann & Hellmann，1996）。

此外，认知交互作用理论（Transactional Model）也是解释工作压力的重要理论，其逻辑亦与上面类似。该理论认为个体压力的产生并不是简单的“刺激—反应”的直线模式，而是一种更为复杂的两阶段心理过程。第一阶段涉及对挑战或威胁的认知，个体首先要对外界事件的状况进行评估，评价其对自己是一种挑战抑或威胁并判断其程度的高低；第二阶段是对自身应对能力的感知，个体需根据所处情境评价自己是否具有足够的资源来应对之。当员工接到一项工作时，会依据上述步骤进行评判，若感知威胁与应对存在差异，亦即资源不足以应对威胁时，压力就会产生（Lazarus，1996；纪鸿儒等，2003）。

当前研究一般探讨领导的不当行为或指令给下属带来的服从上的压力（Offermann & Hellmann，1996；DeZoort & Lord，1994，2001），但也有学者认为上司压力亦可能产生正面的作用，进而从正反两面进行探讨（付泽伟，2006），本研究主要讨论的是主管的不当行为使员工产生上司压力感知，并进而讨论这种压力带来的结果，因此只取其负面意义。

二、上司压力的测量

目前对上司压力的实证研究中，对其的测量方式主要有两种：一种是情境法，另一种是问卷法。

（1）情境法。情境法是结合研究目的设计一段与研究情境类似的实验材料（Experimental Task）呈现给被试，被试则假想为情境中的角色当事人，并根据具体情境中上司的不同行为展现，来评判感受到来自上司的压力程度。DeZoort 和 Lord（1994）、DeZoort 和 Lord（2001）等研究均采用这种方法。情境法与研究目的比较契合，但 Solomon（1994）评论 DeZoort 和 Lord（1994）的研究时指出其研究方法中需要注意的几个问题：①模拟情境与真实情境的差别；②压力情境下的选择是否足够；③不同压力下个体反应的差异程度。

（2）问卷法。台湾学者付泽伟（2006）在测量财务人员的上司压力知觉时使用的 8 题项测量量表，主要分正反两方面的压力感知，正面压力是诸如关注工作进度等有利于促进工作完成的压力，负面压力则不利于工作。正面为：①单位主管很重视预算编制与执行作业；②单位主管很重视预算执行进度；③上级单位会对预算编制与执行业务进行考核；④上级单位会对预算执行进度进行考核。反面为：①工作上，我常被上司要求做出不适切的行为；②工作上，我同事常被上司要求做出不适切的行为；③上司要求我做出不适切行为，已造成我工作上的困扰；④上司要求我的同事做出不适切行为，已造成他们工作上的困扰。采用 Likert 五点量表进行自评，Cronbach α 值为 0.71，各题项因子载荷均在 0.6 以上，累计解释方差为 68.7%，说明量表的信度与结构效度尚可。

考虑到测量与取样的可行性，本研究采用付泽伟（2006）的问卷。值得注意的是，该量表有些题项需对同事的感受或行为进行评价，采用自评法未必合适，因而本研究在使用时删除了这两题；且由于是针对财务人员使用的量表，为使其能够普测，本研究对少数题项的表述进行了微小修订，并删掉区分度不好的第 3、第 4 题，将两个正面题作为反向题项，以使其适于本研究，修订的具体流程与题项见本书第四章。

三、上司压力的因果变量研究

根据上司压力的定义，个体的压力来源直接指向上司，因而当前研究主要集中在其结果变量的探讨上，但亦有部分学者考察了员工压力的主管特征。

（一）上司作为压力来源

领导行为常被看作下属压力的重要来源，且它们之间的关系会受到领导支持的调节作用，下属感知的领导支持越高，上述领导行为与员工压力的关系越弱，反之则越强（Offermann & Hellmann，1996）。其中，不当督导与压力的正向关系亦很明确，且受神经质的正向调节及宜人性的负向调节（Bamberger & Bacharach，2006）。

此外，知觉的主管权力对下属压力亦显著负相关，且下属的个体特征对二者关系具有调节作用，对低自尊、外控型的员工而言，二者的相关更高（Elangovan & Xie，1999）。

（二）上司压力的结果变量

在学理及实证上均显示，上司压力是影响员工行为认知的重要因素。DeZoort 和 Lord（1994）以会计师事务所的审计人员为对象，研究上司压力对个体的专业判断是否存在影响。他们将上司压力分为主管压力与合伙人压力两类，发现处于上司压力下的员工，其专业判断的适切性较低；同时发现上司的层级也有影响，层级越高，下属感知的上司压力越大，其专业判断亦越不适切。此外，他们还检验了员工权威主义的程度在上述关系中所起的调节作用，发现下属的权威主义程度越高，上司压力对专业判断的消极作用越强。

在以上二人的另一项研究中，仍以会计人员为对象，检验了社会影响压力对个体违反会计准则的意愿的影响，同时还考察了组织承诺、专业承诺及道德发展可能影响个体对社会影响压力的反应。以组间设计的情境实验评估来自于主管与合作者的服从压力，结果显示上司压力显著增加了个体违反会计准则的意愿，且当不存在上司压力时，组织承诺与违反意愿显著负相关，而当处于上司压力时，二者关系不明显；但专业承诺与道德发展在相应情景下的影响作用均不明显（DeZoort & Lord，2001）。

Davis 等（2006）研究了上司压力对会计人员信用的影响作用，结果发现，尽管感受到伦理冲突，但当面对上司压力时，仍有超过一半的被试违反了公司的具体政策，造成预算马虎（Budgetary Slack）。还发现预算马虎的员工责任感较低，且大多数被试认为预算的违背是不公平的。

Baird 和 Zelin（2009）以实验情境研究了上司压力对感知欺诈行为与职业欺诈可能性的关系，随着实验情境中上司压力的逐渐增加，被试被要求尽可能在相同的情境下表现同样的欺诈行为。结果发现，在金融欺诈情境下，假设得到支持，即上司压力对感知欺诈行为与职业欺诈可能性均有正向影响；在资产不当情境下，假设得到部分支持，即与职业欺诈可能性相关，但与感知欺诈行为不相关；而在腐败方案情境中，假设未获支持。

付泽伟（2006）研究了上司压力对预算编制与执行合理度认知的影响，他将上司压力分为正面与负面两类，结果发现正面因素与合理度认知正相关，负面成分与之的相关性则不显著，整体上，上司压力与之相关，且上司的管理能力与下属的专业能力对认知的影响最大。

四、小结

当前研究不仅探讨了上司压力的来源、理论基础及测量方法，也在组织情境中进行了相关的实证检验，但仍存在一定不足。

（1）测量的合理性。当前有关上司压力的实证研究中对下属的感知上司压力程度主要通过实验情境的呈现来判断，这种方法多见于西方学者的研究（DeZoort & Lord，1994）；后来一些台湾学者处于可操作性与测量便利性的考虑，发展了具体研究情境的测量问卷（付泽伟，2006）。但前者在效度及测量准确性上受到一定质疑（Solomon，1994）；而从题项上看，后者的普测性及准确性也仍需商榷。

（2）研究层面有所局限。当前研究多集中在信用、欺诈、道德判断等个人道德感知的层面（Davis et al.，2006；Baird & Zelin，2009；DeZoort & Lord，1994），鲜有对其他组织情境相关变量的研究。但从理论逻辑上讲，这些关系是可能的。上司压力首先是个体对其压力状态的一种感知，其主要来源常常为上司的不当命令，因此与特定的组织情境密切相关。当前研究也基本明确了领导行为与下属压力的关系（Offermann & Hellmann，1996），而不当督导作为不当领导的典型，常造成下属的上司压力感知。

（3）鲜有研究探讨上司压力中介的可能。如前述，目前研究主要将上司压力视为员工压力的一个重要来源，进而探讨其对相关变量的影响（DeZoort & Lord，1994，2001），鲜有对其他组织情境相关变量的研究。但依据认知交互理论，当个体感知到压力时，会先对压力水平与应对资源进行判断，然后依据拥有资源是否足以应对压力的影响来选择相应的行为与反应。因此，在特定情境下（如领导行为），上司压力也可能对相关结果变量起传导作用，但很少有学者涉及这方面的研究。

针对以上不足，本研究以压力下的行为选择为基点，探讨员工在感知到上司压力的情况下，对强制行为服从的程度，以扩展上司压力与员工行为的关系；并根据认知交互理论描述的动态模式为基础，在万华等（2010）的理论分析之上，建构"不当督导—上司压力—CCB"的作用路径，并检验这一路径的合理性。在测量上，则根据前人对上司压力的描述与研究，对现有问卷进行修订，以使测量更为合理。

第四节 心理安全感

一、心理安全感的内涵

心理安全（Psychological Security）的正式定义最早是由马斯洛在阐述其需求层次理论时提出的，他将心理安全定义为"一种从恐惧和焦虑中脱离出来的信心、安全和自由的感觉，尤其包含满足一个人现在和将来各种需要的感觉"（Maslow，1945）。

组织领域的心理安全感（Psychological Safety Perception）的概念源自于心理氛围（Psychological Climate）（汪美伶、李山田，2007）。Schneider（1975）提出氛围是个体对于某特定事件、状况和经验的抽象化的心理感知。James 等（1989）认为，心理氛围是指员工在心理上如何认知工作环境对其自身福利的影响。杨敏禧（2002）则将心理氛围看作个体层次的变量，被认为是反映个体特征，涉及认知、概念形成和工作环境特征的过程。员工个体会根据其感知的心理氛围诠释事物、预测可能的结果，甚至推敲其往后行为的适当性（Jones & James，1979）。当员工认为工作环境有利于其自身福祉时，即可称之为具有心理安全感，进一步说，心理安全感是指员工意识到自己在工作职责范围内，具有高度的自由去展现自我，而无须担忧会损及自我形象、组织地位或职涯发展（Brown & Leigh，1996）。

Schein 和 Bennis（1965）较早对工作场所的心理安全感进行了探讨，主要分析了组织变革中员工的心理安全感，认为"在组织变革中组织成员具备改变的能力时，个人在组织中会感到安全"（杨敏禧，2002）。Kahn（1990）在研究员工敬业度时也对心理安全感进行了界定，"个人能够在一个不需要担心自我形象、地位及工作受到负面影响的情景下，真实地表达自我感受、展现不同情景下的不同自我"。之后 Edmonson（1999）将心理安全感从个人层次引入到群体层次，称其为"团队心理安全感"（Team Psychological Safety），并定义为"当团队成员在团队中从事任何具有风险的行动时，这些行动的推行是安全的，能被同僚所接受的"，她指出，当具有下列几项特征时，员工的心理安全感较高：①在组织中成员能畅所欲言；②在组织中冒险行为是被鼓励允许的；③组织成员彼此信任且彼此尊敬；④组织成员对事物拥有相同的信念与看法。团队心理安全感强调的是团队而非团队成员，是建立在彼此信任、与成员有相似的认知及相似的信念的基础上的（Klimoski & Mohammed，1994；Walsh，1995）。Brown 和 Leigh（1996）的研究则将心理安全感由个体层面上升到组织层面，他认为"组织心理安全感是员工关于组织环境特征的一种知觉，包括三个方面的感知：支持性管理、清晰的工作角色及允许自我表达"。凌斌等（2010）认为，心理安全感是一个多层级构念，分为个体、团体及组织三个层次。

现将国内外学者对心理安全感的相关定义整理如表 2-3 所示。

心理安全感常作为员工心理契约、信任组织的一项指标，当个人感觉到环境的人际关系是彼此信赖、互相帮助的，心理安全感也比较强（Kahn，1990）。在一般水平上，心理安全知觉被看成在组织特征和个体结果（如员工态度、动机、绩效）之间的一个中间环节（Edmondson，2003；李锐等，2009）。

表 2-3 心理安全感的主要定义

层面	学者（年份）	定 义
个体	Maslow（1945）	一种从恐惧和焦虑中脱离出来的信心、安全和自由的感觉，尤其包含满足一个人现在和将来各种需要的感觉
	Schein & Bennis（1965）	当组织变革或个体具备随之改变的能力时，个人在组织中感到安全
	Jones & James（1979）	员工个体会根据其感知的心理氛围，来诠释事物、预测可能的结果，甚至推敲其往后行为的适当性
	James et al.（1989）	指员工对于工作环境影响其自身福祉的心理知觉
	Kahn（1990）	个人在不同情境及心理状态下，愿意自由展现自我的程度
群体	Klimoski et al.（1994）	组织成员对事物有相似的认知及相似的信念
	Edmondson（1999）	团队成员对行为风险安全程度的共同信念
	杨敏禧（2002）	群体成员：彼此信任；被允许鼓励冒险；可畅所欲言；对事物心理安全信念一致
	Tynan（2005）	心理安全感分为自我心理安全感（自我感知他人是否安全）和他人心理安全感（与他人的交往中感觉其是否安全）
组织	Brown & Leigh（1996）	员工关于组织环境特征的一种知觉，包括支持性管理、清晰的工作角色及允许自我表达
	May et al.（2004）	工作环境内拥有信任与开放性的互动
	Baer & Frese（2003）	一种正式与非正式的组织管理实务与程序，指导支持工作环境内拥有开放与可信赖的气氛

资料来源：参考杨敏禧（2002）及本研究整理。

二、心理安全感的测量

目前，心理安全感的测量主要采用 Edmondson（1999）编制的 7 题项量表，它最初是为测量团队心理安全感而编制的，具体题项为：①如果你在团队中犯错误，经常会受到他人反对；②团队成员能够提出问题和强硬的观点；③团队成员没有因为他人的与众不同而拒绝他们；④在团队内承担风险是安全的；⑤向团队内其他成员请求帮助是困难的；⑥团队内没有人会故意破坏我的努力成果；⑦与团队成员的合作过程中，我独有的技能和才干将被认为是有价值的并被利用。众多研究的测量均源于该量表。

还有学者编制了基于组织层面的心理安全感测量量表（Brown & Leigh，1996），主要表达了在组织情境中，个体感知到的心理上安全的程度。根据其提出的维度划分，该量表包括相应的三个分量表：支持性管理、清晰的工作角色及允许自我表达。

Tynan（2005）也编制了基于工作中人际互动的心理安全感测量量表。该量表包含两个分量表，信度均较高。其中，自我心理安全感量表，共7题，均为正向计分，Cronbach α 系数为0.93；他人心理安全感量表，共5题，均为反向计分，Cronbach α 系数达0.82。

杨敏禧（2002）以台湾企业为样本发展了团队心理安全感的量表，共19个题项，分为五个维度，分别为畅所欲言、共同信念、彼此尊敬、冒险行为及相互信任。

由于本研究关注的是个体层面的心理安全感，以上主流量表的契合性可能有所不足，在参考国内外其他学者的相关研究上，本研究采用李宁、严进（2007）修订自May、Gilson和Harter（2004）以及Edmondson（1999）的测量个人心理安全感的5题项量表，具体内容见第四章。

三、心理安全感的影响因素研究

如前述，本研究主要关注的是个体层面的心理安全感，凌斌等（2010）则指出不同层面的心理安全感在研究点上有一定的差异，因此本研究只探讨个体层面的因果变量的相关研究，而对团体及组织层次的研究不予讨论。

现有研究主要从不同角度、不同层面探讨了哪些因素会对员工个体的心理安全感产生影响，总体上可分为以下几个方面。

（一）个体因素

当前对影响心理安全感个体因素的研究比较有限，且主要集中于个体状态特征方面。

May等（2004）研究显示，个体的自我意识与心理安全呈负相关关系，自我意识涉及他人如何认知和评价个体，这会使个体产生一种外在暗示，他们往往过于关注自己留给他人的印象及他人监控社会环境并为之采取的行动，这些常常使个体的心理安全感下降。

（二）人际关系因素

组织中员工个体与他人的人际关系会影响到其对心理安全的感知，原因可能是良好的人际互动有利于减少冲突、消除不确定性，因而使心理上的安全感得以保障（Kahn，1990）。如 Kahn（1990）、May 等（2004）均认为基于信任和支持的人际关系能提高员工的心理安全感。

（三）领导特征

Tynan（2005）指出，领导行为是对员工心理安全感最有效的预测变量。Kahn（1990）也认为管理风格与个体的心理安全感有关，支持而开放的风格对后者可能起促进作用。May 等（2004）也得出相似的结论，主管支持会提供一种促进员工心理安全感的氛围。Walumbwa 等（2009）则表明德行领导对下属的心理安全感有正向影响，其预测作用十分显著。他们认为，德行领导常被下属感知为宽厚包容的，下属的冒险与错误行为也能得到合理处置，因而其心理安全感会提高。李宁、严进（2007）以及李锐等（2009）则关注了负向领导对员工心理安全感的影响，证实了不当督导的消极作用。

（四）组织情境

还有一些组织情境因素对个体的心理安全感产生影响。最典型莫过于组织创新与变革，因为这种情境下，员工感知到的外界风险与威胁增加，从而加剧了工作中的不确定性，导致心理安全感降低。汪美伶、李山田（2007）对组织创新与心理安全感的关系进行了验证，得出了类似的结论。

四、心理安全感的结果变量研究

学界对心理安全感的结果变量做了比较广泛、深入的探讨，大致可分为以下几个方面。

（一）知识分享行为

学界对心理安全感与知识分享行为的关系做了相关探讨。张永军等（2010）发现员工的心理安全与知识共享意愿显著正相关，且在学习目标导向及绩效回避导向与知识共享意愿关系之间均起中介作用。张鹏程等

(2011) 则发现，心理安全感不仅对员工的知识共享行为有正向影响，而且在魅力型领导与知识分享的关系中起部分中介作用。

(二) 建言行为

Van Dyne 等 (2008) 证实了心理安全在上下级关系与员工建言行为之间的中介作用。Liang 等 (2008) 也发现员工的心理安全感对促进型和抑制型建言均有显著的预测效应。Walumbwa 和 Schaubroeck (2009) 则验证了德行领导与建言行为关系中心理安全的中介效应。郑仁伟 (2010) 研究发现，心理安全感在人与组织匹配和建言行为的正向关系中起中介作用。吴维库等 (2012) 的研究也证实了心理安全感在不当督导与建言行为关系中的中介作用。

(三) 创新行为

心理安全感与员工创新行为的关系也比较明确。张鹏程等 (2011) 发现员工的心理安全感与创造力正相关。龙静、汪莉 (2011) 以并购企业的员工为对象，发现心理安全感在员工的并购威胁感知对创造力的负向影响中起调节作用。

(四) 工作投入

Kahn (1990) 指出，心理安全感是提高员工投入度的三个心理条件之一 (另两个是心理意义和心理有效性)。May 等 (2004) 实证上指明了心理安全感对工作投入的正向影响作用。李锐等 (2010) 发现，心理安全和主管信任在上司支持感与工作投入之间均起完全中介作用。

(五) 工作绩效

心理安全感与工作绩效之间的关系也得到了众多学者的验证。Brown 等 (1996) 提出了二者作用的第一条路径，即心理安全氛围通过提高员工的工作投入而影响其工作努力和工作绩效。Edmondson (1999) 的研究可视为第二条路径，即心理安全感会对提升员工的学习行为产生积极作用，进而提高其绩效。李宁等 (2007) 的研究也证实了这一结论，他们发现两种路径 (改进创新与工作专注) 同时存在于二者关系中。

五、小结

虽说心理安全感无论从概念界定、维度划分、测量及因果关系的探讨上均比较深入，但当前研究尚存在一些不足之处。

（1）个体层面心理安全感的研究相对较少。Edmondson（1999）的研究基于团队的心理安全感，Brown 和 Leigh（1996）则探讨的是组织的心理安全氛围，二者所发展的量表又是当前测量的主流量表，因而学界对心理安全感的探讨也多集中在团队与组织两个层面。相关学者虽亦对个体层面的心理安全感有所涉及，但整体上看，其受到的关注度与成果的丰富性远不如前者。

（2）对心理安全感的负向影响因素探讨不足。当前研究对心理安全感影响因素的探讨主要集中在个体、领导、组织等相关因素，且多是从正面角度探讨其对心理安全感的促进作用，鲜有研究从负面角度考虑。尤其对于领导行为而言，负向领导的意义亦不容忽视，因而有必要探讨负向的领导行为与下属心理安全感之间的关系。

（3）个体层面心理安全感的中介作用亦不多。与前两点相对应，当前研究虽也主要将心理安全感视为组织相关变量因果关系的中间环节，但多集中在团队与组织层面，有关个体层面心理安全感的中介作用仍不太多。

针对上述不足，本研究主要关注于个体层面的心理安全感知，从不当督导这一负向领导的角度探讨其对员工心理安全感的消极效应，并根据文献回顾及探索性研究，构建“不当督导—心理安全感—CCB”的作用路径，对心理安全感的中介效果进行检验，以进一步深化与丰富相关领域的经验证据。

第五节 关系取向

一、华人社会的关系及关系理论的发展脉络

关系一词常被用作形容华人社会人际交往法则和隐性心理特征，关系是华人社会运作的特殊机制，也是理解华人社会深层结构及其心理与行为的核心概念（洪晨桓，2008）。众多学者均对中国人“关系”的内涵及社会心理功能做了探讨，但华人社会关系的展现方式及结果，与西方的人际关系（Interpersonal Relationship）有很大的差异（Xin & Pearce，1996）。西方学者常将关系作为制度的对立面来探讨，关注的也多是“制度之外”的关系的负面效应，往往将关系看作“谋取私利的非伦理行为”（Li & Wright，1999）或“正式制度的替代”（Snell & Tseng，2002），并常认为关系是腐败和不正当交易的手段（Standifird & Marshall，2000）。而华人学者则主要将关系融入儒家伦理或中国传统文化，并结合社会心理因素考察。Yeung 和 Tung（1996）综合前人研究后指出华人关系（Guanxi）与西方关系（Relationship）存在众多不同之处。李宛真（2010）在其基础上做了进一步总结，本研究对他们的研究作综合与整理，如表 2-4 所示。

表 2-4 华人关系与西方关系之差异

基点	华人关系（Guanxi）	西方关系（Relationship）
建立动机	角色义务	自身利益
时间点	在交易之前（即先关系后交易）	在交易之后（先交易后关系）
形成因素	既定关系，及互动形成的关系	仅包含一系列互动之后的关系
交往原则	利他	利己
互惠动机	人情与面子	相互利益
时间导向	长期	短期

续表

基点	华人关系（Guanxi）	西方关系（Relationship）
处罚依据	羞耻心（Shame）	负疚感（Guilt）
承诺类型	情感性承诺	工具性承诺
关系参与	情感	经济
价值观	道德与社会规范	法律和规则

资料来源：参考李宛真（2010）及本研究整理。

对中国人的关系研究，费孝通（1948）的差序格局是早期研究的典范，他认为中国社会的关系是以自我为中心的、有亲疏远近的差序格局；乔健（1982）在此基础上详述了自我中心的关系网的形成；雷丁（1993）的观点也近似，华人关系是一种自我中心的同心圆。Jacobs（1979）则从关系形成的基础出发，提出个体与他人之间拥有某些独特的共同要素（如特征、认同、背景等），容易形成一种排他的连带；Tsui 和 Farh（1997）也认为关系即是人与人间的独特而排他的联结。Kipins（1996）研究了中国人的送礼行为，发现关系是促进人们某些行为的重要动因，是个体有意识的行为，包含了深刻的人情及情感成分。Pye（1982）将关系视为建立在双方持续性互惠交易基础上的一种友谊（Fan，2002）。Luo（1997）从企业运作的角度将关系视为获得互惠、维持商业合作与社会关系的一种纽带。Lin（2001）将关系看作一种社会资本，可藉由“关系交换”给双方均带来利益（洪晨桓，2008）。关系的不同指称及相关概念如表 2–5 所示。

表 2–5　关系的相关概念

指称	学者（年份）	界　定
连带（Tie）	Jacobs（1979）	人与人之间因共同拥有的相似点而建立的特殊连带
互动（Interaction）	乔健（1982）	个人或团体间相互作用、相互影响的状态
	Davies（1995）	网络中的社会互动，每一成员与所熟悉的一群人进行一次次的对等游戏
	Fan（2002）	一种历程，两位关系人之间的人际互动
关系（Relationship）	Peng（1998）	基于相互义务的非正式、私人和特殊的关系
	Wong & Chan（1999）	是一种包含恩惠、信任、相互依赖与积极调适的特殊关系
	翟学伟（2005）	个体与个体之间的各种关系，或个体与他人间的心理距离或行为倾向

续表

指称	学者（年份）	界 定
联结（Connection）	陈介玄等（1991）	一种人情、伦理工具及利害所混合而成的一种以个人为基础的社会联结
	Luo（1997）	利用联结来确保人际关系中的恩惠，包含彼此的义务、确信与了解，并导向长期的社会及商业关系
	Tsui & Farh（1997）	二人或二人以上独特而排他的联结
友谊（Friendship）	Pye（1982）	双方持续性互惠交易的友谊
	Yan（1996）	建立并维系友谊网络，以帮助个人安全度过危机
交换（Exchange）	Kipins（1996）	人们有意识行动的结果，兼具物质义务与情感依附
	黄光国（1988）	两个人之间的互惠交换
资源（Resource）	Butterfield（1983）	社会投资或社会资本的一种形式
	Lin（2001）	关系是华人社会网络的形式之一，决定了个体在社会结构中的位置，并充当保障、信任与规定的角色
网络（Network）	许烺光（1985）	一种伽利略式人性观，个人并非固定的实体，而必须与关系网中的他人保持一种动态平衡的关系
	Pearce et al.（2000）	指一种关系网络，个体经由交换礼物或恩惠以达到互利，基础是友谊与情感以及回应求助的互惠义务

资料来源：参考 Fan（2002）及本研究整理。

华人关系理论的发展，先后经费孝通（1948）的“差序格局”、Hsu（1971）的“社会心理均衡”、乔健（1982）的“自我中心”、黄光国（1988）的“人情与面子模型”、何友晖（1991）的“关系取向”、陈介玄和高承恕（1991）的“信任格局”、杨国枢（1993）的“社会取向”、雷丁（1993）的“同心圆模式”、翟学伟（1993）的“三位一体模式”、郑伯埙（1995）的“员工归类模式”、Lin（2001）的“关系交换、关系资本”（洪晨桓，2008）及杨中芳（2001）的“关系与人情”等，已发展成为中国人行为模式的基本描述，如表 2-6 所示。

表 2-6 中国文化中关系理论主要发展脉络

学者（年份）	核心论点	内 容
费孝通（1948）	差序格局	一种以“己”为中心，一波波像水波的涟漪一样推及出去所发生的联系
Hsu（1971）	心理社会图	包含七个不规则的同心层，个人依照关系的不同，采取不同的交往法则，以保持社会心理平衡
乔健（1982）	自我中心	关系具有三个特征：关系是自我中心的；关系是相对动态的；关系与其他自我的关系交叉而构成关系网

续表

学者（年份）	核心论点	内　容
黄光国（1988）	人情与面子模型	从资源分配与社会交换的角度，人与人之间的关系分为三种：情感性关系、工具性关系与混合性关系
何友晖（1991）	关系取向	中国人的自我是一种“关系性自我”，对他人的存在具有高度的觉察能力，形成“在他人关系中的自我”
陈介玄等（1991）	信任格局	信任指一种“人际信任”，是特定的、主观的，是针对特定个人的亲近、熟悉所衍生的信任，由“亲”而“信”
雷丁（1993）	同心圆模式	华人家族企业的社会网络是一个同心圆，圆心是自我，外圈是亲戚朋友关系，再外是企业，最外是社会
杨国枢（1993）	社会取向	一种行为倾向，特征是：团体（家族取向）；其他团体（关系取向）；权威（权威取向）及他人（他人取向）
翟学伟（1993）	三位一体模式	人际关系由人缘、人情、人伦构成，人情是其核心，人伦是其制度化，人缘是其解释框架
郑伯埙（1995）	员工归类模式	主管常将员工以关系、忠诚、才能三项因素归类为8种原型，并根据不同原型与员工进行有差别的互动
Lin（2001）	关系资本	关系是一种社会资本，具有强大的动力，关系是个体的理性选择行为，与经济理性同为交换的两大动力
杨中芳（2001）	关系与人情	人际关系可以看作是在某一时间点上，关系基础、工具交换及情感交流三个成分的现状之综合

资料来源：本研究整理。

关系理论暗含的基本论点是：在中国文化里，自我并非一个个独立的自我，它对自己的存在、独特性、方向感、目标及意愿均没有很强的自觉，人我、自我、非我的界限不清，中国人的自我是一种“关系型自我”，是“在他人关系中的自我”。因而，华人组织中个体与他人的互动，是随着关系主义导向（关系取向）的强弱而区别对待的。

二、关系取向的内涵

关系取向（Guanxi Orientation）的概念源自梁漱溟（1935）的“关系本位”，即中国人凡事以关系为归依的文化特征。学界一般认为学者何友晖等（1991）最早提出了关系取向（Relational Orientation）的概念，被认为是中国人在儒家文化规范下处理人际关系的一种心理取向。

杨国枢（1993）比较详尽地论述了关系运作的一套法则，他在论述社会取向（Social Orientation）时，将关系取向看作其中一个特征，认为关系取向是人际网络的一种主要运作方式，具有五种特征：关系形式性、关系互依性、关系和谐性、关系宿命论及关系决定论。在传统的中国社会里，人际关系在中国文化或中国人日常生活中十分重要，关系成为个人界定自己的方式；更重要的是，在社会互动的过程中，个人与对方的关系决定了彼此对待的方式。根据“关系决定论”，在不同类型的人际关系中，双方的对待原则、对待方式及互依形态都不相同，甚至在互动中所产生的情绪后果以及对负向情绪的防御方式也有明显差异。

金耀基（1969）在分析中国人的性格形成时指出，中国是以家族为本位的社会，中国人常只知有家而不知有社会，强烈的家族意识阻碍了个人主义与社会精神的发展；再则，由于家是建立在特定的身份上的，故形成了中国社会的身份取向、特殊取向及关系取向。

文崇一（1988）也指出，中国人的行为有相当高的关系取向，为了建立关系，通常想尽办法把没关系的人变成有关系，再从关系距离上决定其行动方式，关系取向的最大目的是避免吃亏。

Cheung（1996）等则将关系取向理解为中国的人情观念并将其作为人格因素的一部分。

虽然不少学者均对关系取向做了阐述，但尚缺乏清晰的概念。佐斌（2002）综合前人的研究，对关系取向做了概念化的界定，他认为关系取向既是一种观念认知，同时又是一种行为方式，并提出了其操作化定义“人们以关系作为对自己或对他人认识的依据或线索并据此对自己的角色进行界定并做出相应的行为反应的一种心理倾向和行为风格”。

现将关系取向的概念脉络简要总结如表 2-7 所示。

表 2-7 关系取向的概念发展

学者（年份）	基点	内容界定
梁漱溟（1935）	关系本位	中国人凡事以关系为归依的文化特征
金耀基（1969）	家族本位	中国人的家族本位及身份意识形成关系取向的性格
文崇一（1988）	目的导向	为达目的而拉关系（投身有效的人际网络）的关系取向
何友晖（1991）	关系性身份	中国人在儒家文化规范下处理人际关系的一种心理取向

续表

学者（年份）	基点	内容界定
杨国枢（1993）	社会取向	关系取向是人际网络的一种主要运作方式
Cheung（1996）	人格特征	中国人的人情观念，是中国人人格的一个子维度
佐斌（2002）	关系中心	以关系作为核心进行角色界定并做出相应的行为反应的一种心理倾向和行为风格

资料来源：本研究整理。

除了中国学者对关系取向所做的本土化探讨之外，西方组织领域的一些理论也与之有所交叉，主要体现在两个方面。

（1）领导理论。权变理论中指出了有效领导的两种典型方式，即任务取向（Task-oriented）和关系取向（Relations-oriented）型领导；后者比较注重人际关系，注重下属的感受与需求；行为理论也认为领导行为有两个向度，即体制型（Initiating）和体恤型（Consideration）领导（前者强调领导对目标达成的重视，后者则强调领导对下属成员及其福利的关心）；也有将领导行为分为员工导向（Employee-oriented）与生产导向（Production-oriented）的，其中体恤型与员工导向型均与关系取向型有所重叠。

（2）营销理论。其中的关系营销（Relationship Marketing）强调通过建立双方间良好的关系（Relationship/Guanxi）进行营销。领导理论中的关系取向往往指人际关系的范畴，常限定在上下级关系中，其意义远不如中国人的关系丰富；华人组织的关系营销则经常涵盖了中国人的人情、面子、回报等传统内涵，与前述的关系取向比较接近。

三、关系取向的测量

当前众多学者从人类学、社会学、心理学等领域对关系进行研究，管理学中的探讨并不多，而且主要是理论分析，实证上的检验比较少。洪晨桓（2008）在其博士论文中对英文文献中涉及关系测量的研究进行了比较和总结，发现研究者对关系的测量多半采用自行发展的量表，而且甚少彼此采用，证明对关系的测量并未达成共识。而专门涉及关系取向的实证测量更为少见，目前的测量方式主要有两种：情境法和问卷法。

前者一般是在现有问卷无法准确衡量时，根据其研究目的而设定一些特定的关系情境以判断被试关系取向的程度。如蒋廉雄、卢泰宏等（2007）对消费者送礼行为中礼品购买决策的研究，他们认为消费者会根据关系类别（情感型、工具型及混合型）与送礼动机（无私的、义务的、利己的与互惠的）两个概念的交叉选择购买决策，因此他们对此进行了面访，并根据面访结果组合出 5 种典型的送礼情境，然后检验不同关系情境下购买决策的差异。

问卷法是根据研究问题与假设，确定概念的操作化定义，然后据其选择合适的量表。目前国内的研究中，有关关系取向的测量量表主要有以下几种。

（1）张阳阳、佐斌（2006）的关系取向量表。以大学生为样本，最后形成三向度六因素 28 题项的测量量表，量表的整体 Cronbach α 系数为 0.82，可解释方差为 52.4%，六个分量表的信度也均在 0.6 以上，每个题项的因子载荷也基本在 0.5 以上，表明信效度良好。

（2）Hill（1987）的人际取向量表（Interpersonal Orientation Scale，IOS）。该量表主要用来测量个体的亲和动机，共四因素（情感支持、正向激励、外在关注、社会比较）26 题。梁建（2002）发现 IOS 量表的可解释方差为 49.8%，四个因素的分量表 α 系数均在 0.6 以上。

（3）Su 等（2003）的关系量表。该量表是探讨中国环境下商人的关系取向时使用的，共 9 个题项，均为正向计分，Cronbach α 系数为 0.87，效度亦良好。

（4）Cheung 等（1996）的 CAPI2 中人际取向因素量表。该量表包括六部分，即传统—现代性、人情、人际触觉、纪律性、和谐性及节俭—奢侈，但由于该量表题项过多，本研究依据陈明等（2013）的做法，选取其中主要衡量人际关系的人际触觉量表，只取其载荷最高的六个题项，具体见第四章。

四、关系取向的存在及因果变量研究

在组织领域中关系取向的研究较少，且大多集中在其影响作用上，原因可能在于关系取向作为一种个性特征、心理取向或行为倾向，是在社会环境中形成的一种比较稳定的社会心理特征，不易受其他因素的影响。

当前研究中，关系取向对个体的态度及行为选择的效应基本是明确的。与工作满意度（姚飞、李桂华，2007）、人际关系满意感（赵菊等，2008）、人际自我提升（张阳阳，2006）及知识共享意愿（胡仕强等，2010）等心理及工作态度的认知有明显关系；在行为变量上，对购买决策（蒋廉雄等，2007）、企业家的伦理决策（金杨华等，2008）、新创企业的团队异质性（柳青，2010）及企业之间的沟通方式与策略（庄贵军、周南等，2008）等的作用亦得以验证。

此外，关系取向还是一种“经商之道”。Su 等（2003）基于四种类型的中国企业，对关系取向与道德发展的感知（Cognitive Moral Development）之间的关系进行了检验，他们发现中国商人的关系取向水平基本与伦理因素无关。研究者认为求利关系和寻租关系导致商业道德沦丧的看法是含糊的，关系天生是中国商人的工作伦理（Work Ethic）及“中国式商业行径”（Chinese Way of Doing Business）。

现将关系取向的存在性、前因及结果变量的相关研究整理如表 2-8 所示。

表 2-8　关系取向与相关变量的研究一览

指向	学者（年份）	主题	结　论
存在	梁建（2002）	关系取向的构成	关系取向有四个维度，即寻求和谐、社会支持、信息渠道与任务达成
	张阳阳（2006）	大学生的关系取向	除了关系利用论这一因素略低，其他五个因素得分均超过 4（4 为中值），说明关系取向在大学生群体中也比较普遍
	王俊（2006）	国有建筑企业职工的关系取向	①观念上，员工普遍赞同“以关系决定人或事”的观点；②认知上，员工有将关系类别化、层次化的倾向，即关系因人而异，内外有别；③行为上则是典型的以关系为中心

续表

指向	学者（年份）	主题	结论
前因	Su et al.（2003）	关系取向与商业伦理	①任职时间可以正向预测关系取向，员工的任职时间越长，关系取向越强，反之则越低；②年龄与关系取向不相关；③受教育程度则与关系取向负相关
	姚飞等（2007）	与员工满意度	上下级的文化差距对员工的关系取向与关系质量均产生明显影响，具体地，对关系取向正向影响，而对关系质量则负向影响
结果	Su et al.（2001）	关系取向的类别	中国商人的关系取向可分为：寻租关系（Rent-seeking）与求利关系（Favor-seeking）
	Su et al.（2003）	与商业伦理	①私营与集体企业的关系取向显著高于国有及合资企业，以前者最高；②关系取向与道德发展感知不相关
	张阳阳（2006）	与自我提升	关系取向对自我提升有显著影响，且关系取向与自尊的交互作用对人际自我提升影响显著
	姚飞等（2007）	与工作满意度	关系取向和关系交换质量均对员工满意度有正向影响
	蒋廉雄等（2007）	关系取向与礼品购买决策	不同关系取向的购买决策具有显著差异：对感情型关系的礼品注重内在属性（即质量）；对工具型关系的礼品则注重外在属性（品牌档次）；对混合型关系的礼品对二者同时看重
	赵菊等（2008）	人际关系满意感	关系取向会对人际关系满意感产生正向影响
	金杨华等（2008）	与伦理决策	①关系取向并不必然造成商业伦理滥用，仅寻租关系对企业家的伦理认知产生负向影响，但求利关系的影响并不显著；②关系取向与企业的营利能力和诚信经营行为显著正相关
	庄贵军、周南等（2008）	与企业间沟通方式与策略	①关系导向只对非正式的沟通方式有正向影响，对正式沟通方式则无显著影响；②沟通方式或策略会导致另一方采用相同的回应；③沟通方式或策略不同，造成合作伙伴对双方关系的感受有别，反之影响合作伙伴对沟通方式的选择
	胡仕强等（2010）	与知识共享意愿	根据关系来划分小团体，进而对在小团体内外是否分享知识、如何分享、是否保留等做出判断，进而影响其分享意愿
	Huang et al.（2011）	与知识共享意愿	关系取向对显性与隐性知识的分享意愿均有正向影响

资料来源：本研究整理。

五、小结

关系取向作为中国社会传统文化的代表性表征，已为国内外众多学者所关注，并进行了一系列探讨。但现有研究仍存在一定不足：

（1）测量上，虽然测量关系及关系取向的量表为数不少，但鲜有为众多学者广泛认可，不同学者往往在不同情境下，基于不同研究目的编制出相应测量量表，但对不同情境的通用性较低。

（2）实证研究较少。当前对关系取向的相关研究中，仍以理论探讨与分析为主，虽有为数不少的“实在论”典范（黄光国，1988），但标准意义上的实证研究仍不多见。

（3）在已有的实证研究中，大多数研究将关系取向视为自变量，探讨它与其他可能结果间的关系，很少有论及其前因变量的研究。

（4）同样地，鲜有研究探讨关系取向的权变角色。由于传统性（Traditionality）常被视为“中国社会个人典型的特征模式”（杨国枢，1993），因而当前涉及中国传统文化因素的管理研究中，多将这一典型的儒家文化变量予以考虑，检验其在特定组织情境中的权变作用（彭正龙等，2011；Zhao 等，2013）。但更多学者对儒家传统的另一要素——关系更为关注。黄光国（2009）认为，关系是儒家传统的本质特征，甚至命名为“儒家关系主义”；梁漱溟（1935）、何友晖（1991）、佐斌（2002）等也均认为，关系取向是中国人行事的归依。而且，本研究在后续的深度访谈及开放性调查中发现员工有关关系取向的大量描述，但鲜有关于传统性的，可能表明当前中国组织中员工对个人传统性的意识程度并不如关系取向那么明显，因此对儒家传统的关系取向进行研究，可能比仅关注传统性更有意义。从概念上看，无论是心理取向，还是行为倾向（佐斌，2002），都是一种比较稳定的社会心理特征，实际上，Cheung 等（1996）就将人际取向视为一种人格特征，因此，不同个体在关系取向上的差异，很可能不同。但目前仍未有研究探讨这一因素是否具有权变作用。

针对这些不足，本研究在文献梳理及探索性研究的基础上，将关系取向作为不当督导—CCB 关系的权变因素进行实证检验。首先，在测量上，本研究从行为倾向的视角理解中国员工的关系取向，认为其接近于一种性格/人格特征，因而选用 Cheung 等（1996）的“中国人个性量表”中测量人际关系知觉（人际触觉）的分量表；然后，以实证方法对关系取向的调节作用进行检验，以深化这一本土文化变量在管理学领域的理论价值。

第六节 工具性

一、工具性的内涵

工具性（Instrumental）这一术语最早是由 Parsons 和 Bales（1955）提出的，指的是在具体文化团体中，与性别差异相连的一种心理特质，与之相对的即为情感性（Expressive）特质（Fernandez et al.，2007）。由于前者常在男性身上得以体现，后者则符合女性的表现，因此后来心理学将其发展为"男性化—女性化"（Masculinity-femininity）特质，用以描述个体的性别角色差异（Bem，1974；Fernandez et al.，2007）。

本研究中的工具性（Instrumentality）则与之有所不同，主要来源于黄光国（1988）"人情与面子"模型中的工具性关系（Instrumental Tie）、Hui 等（2000）关于 OCB 行为的工具性价值（Instrumental Values）及个体类似的其他工具性行为（Geller & Bamberger，2009）。

（一）工具性关系

黄光国（1988）在论述中国人权力游戏的社会交换机制时，将互动的双方界定为请托者（Petitioner）与资源支配者（Resource Allocator），他认为这种交换不仅发生在权力不平等的双方中（如下属和上级），也广泛发生在同等地位的主体中（如员工与同事）。具体来说，当双方各掌握有对方所欲求的资源并居于平等地位时，二者的角色是可以互换的，个人和他人在进行社会交往的时候，必须轮流扮演这两种不同的角色，有时是请托者，有时是资源支配者。但更多情况下资源支配者由于握有对方欲求的某种资源，因而在社会关系中居于较高地位，资源支配者以何种形式将其掌握的资源分配于请托者，取决于其对二者关系的判断。关系判断依据的是情感性与工具性成分（Expressive/Instrumental Component）的比例，前者代表双方互动时考虑对方利益的倾向，后者则表示以他人为工具，追求个人目标的倾向，据此可将人与人的关系分为三种类型：情感性关系（Express Tie）、工具性关系与混合性关系（Mixed Tie）。

个体与他人建立工具性关系的目的是为了获得他所希冀的某些物质目标，更具体地说，情感性关系是以关系本身的维持为最终目的，但工具性关系不过是以这种关系作为获得其他目标的一种手段或工具，以与他人交往作为达成自身目标的手段（杨中芳，1999）。

刘兆明（1993）将上述分类应用于“报”的探讨，将报的性质分为工具性、情感性及因果性，工具性的报是经由交互报偿而达到平衡或目的的工具。姜定宇（2005）则将其应用于部属感知的主管关系，将工具性关系对应为利益关系，是指下属认为自身与主管之间的关系，仅为一种彼此利益交换的关系，下属是为了实现某种实质的利益（如加薪、晋升、转岗等），才会遵从主管的命令与要求。蔡松纯、郑伯埙等（2009）则从主管视角对其进行了阐述，他们将领导者认定的上下级关系分为工具性认定与情感性认定两类，前者指上司认为与下属的互动，只是一种纯计算性与功利性的交往，其最终目的是自我目标的达成，动机是为了自我利益，焦点在于互动的对方可以提供或回报什么资源。

（二）工具性行为

Vroom（1964）用“工具性”（Instrumentality）这一术语表示行为与结果的关系，具体讲，工具性是基于个体的表现而获得某种结果的可能性感知（Hui et al.，2000）。Hui 等（2000）具体研究了 OCB 在晋升中的工具性价值，结果发现 OCB、工具性与晋升是密不可分的。

该视角与印象管理有部分类似之处，因为工作场所的工具性行为可以通过印象管理行为部分地实现，当员工欲最大化自身利益时，印象管理往往是他们采用的手段（Bolono，1999；Rioux & Penner，2001）。当员工具有印象管理的动机时，他们会采取一些正面行为整饬或美化自身公共形象（Jones & Pittman，1982；林钲棽，2007），而当员工认为某些工作行为可以为其提供利益时，则很可能会产生印象管理动机（主要是逢迎），此时，某些特定行为只是员工追求其利益的一种手段（Leary & Kowalski，1990）。

从以上两方面相关概念的分析可以看出，工具性主要强调的是为自我目标的达成而采取行动。本研究认为工具性不仅是一种联结（Tie），也不仅是对晋升有作用，还可能成为其他组织行为的评判标准，即员工基于某种行为所能为自己带来的益处以评判进而决定是否履行该行为，因此是一种更广泛意义上的行为倾向，本研究沿袭黄光国（1988）、姜定宇（2005）等的称谓，称其为“工具倾向”，并综合他们的研究将其定义为“员工为达成个人目的或获得个人利益，在特定情境指引下，刻意展现出组织或管理者所期望的行为的倾向”。同关系取向类似，它既可能是一种心理取向，也可能是一种行为倾向，其主要动机是利己性，并具有高度的计算性与功利性特征，个体在心中均有自己的一套“计算公式”：某种行为会使自己获得多少好处，需付出何种代价，其收益又如何，并最终根据计算来决定是否履行相应行为（蔡松纯等，2009）。

各学者对工具性相关概念的界定如表 2-9 所示。

表 2-9 工具性相关概念

概念	学者（年份）	界 定
工具性成分	黄光国（1988）	表示以他人为工具，追求个人目标的倾向
	杨中芳（1999）	双方履行在特定场合所指引的应该表现的行为，以便使该情景下的人际交往顺利进行
工具性关系	黄光国（1988）	获得其他目标的一种手段或工具，以与他人交往作为达成自身目的的手段
	姜定宇（2005）	下属认为与主管之间的关系，仅为一种彼此利益交换的关系
	蔡松纯等（2009）	上司认为与下属的互动，只是一种纯计算性与功利性的交往，其最终目的是自我目标的达成
工具报	刘兆明（1993）	报是人与人之间维持均衡关系或达成某目的的工具
工具性	Parsons et al.（1955）	在具体文化团体中，与性别差异相连的一种心理特质
	Vroom（1964）；Hui et al.（2000）	行为与结果的关系，即基于个体的表现而获得某种结果的可能性感知
工具倾向	本研究	指员工为达成个人目的或获得相关利益，而在特定情景的指引下，刻意展现出组织或管理者所期望的行为的倾向

资料来源：本研究整理。

二、工具性的测量

当前研究中有不少学者对工作场所的工具性行为进行了实证探讨，就变量的测量而言，总体上可归纳为两类：一是以其他相近的概念进行替代式测量；二是根据研究所涉及的具体问题与情境，专门发展测量工具进行针对性测量，前者在操作上更为便利，后者则可能在测量准确度上有所优势。

（一）替代性测量

顾名思义，即以其他相似概念的测量来表示。如 Goodwin 等（2009）在测量上司—下属网络的工具性价值时，即如此做。根据 Blau（1964）的观点，低质量的 LMX 被视为“纯经济的”，因此他们以六题项的领导—成员交换关系质量（LMX Quality）进行替代测量，并从上司与下属两个视角同时测量，员工评价的 LMX 质量由下属直接进行自我报告，主管评价的 LMX 质量则以下属假想为某上司而进行评价，测量题项如“我认为我理解（某主管姓名）的感受与需求”。

Zeev（1980）在研究医患关系的工具性成分时亦是如此，通过测量患者对医生满足其目标期待的程度感知来衡量医生行为的工具性成分，被试通过评价相应问题的医生友好度评价，越不友好代表医生越视患者为工具。

（二）针对性测量

针对性测量即针对研究的具体目的与情境进行测量。如 Hui 等（2000）在测量工具性对晋升的作用时，发展了三个具体的测量题项：①如果我自愿做工作要求之外的事情，会获得更好的晋升机会；②如果我不请没必要的假，会获得更好的晋升机会；③如果我主动帮助其他工作负荷繁重的人，会获得更好的晋升机会。采用 Likert 五点量表进行正向计分，其 Cronbach's α 值为 0.79。该量表是一种情境性量表，研究者以准实验的方法探讨具体行为（OCB）对特定目的（晋升）的工具性作用。实验的特点是因果关系的指向性较高但外延性稍逊（陈晓萍等，2008），因而该量表的外部效度问题仍有商榷之处，能否用于其他工作情境可能仍需其他研究的进一步检验。

国内学者相关的实证研究中，一般采用姜定宇（2005）发展的“部属与主管关系形式量表”中的工具性关系分量表，共五个题项：①我与主管的关系，无非是一种利益交换关系；②我与主管是利益共生的关系，我之所以跟随他，无非是因为主管会给予我实质的好处；③我与主管的关系是基于实质利益而来，我会听从主管命令，是因为主管是我的衣食父母；④我与主管之间应该亲兄弟明算账，我努力工作到什么程度要视主管给我说明奖励而定；⑤我与主管是互利关系，除非主管给我额外好处，否则我并不需要为主管多做些什么。采用 Likert 五点量表正向计分，五个题项的因子载荷量在 0.68~0.79，Cronbach's α 值为 0.83。该量表是从下属视角测量主管—下属的垂直对偶关系，并据此判定上下级交往关系中利益性、工具性的程度。蔡松纯等（2009）、李宛真（2010）等在研究中均将其用于实证测量，说明该量表适合于华人组织情境。

本研究中的工具性与 Vroom（1964）提出的概念内涵是一脉相承的，但本研究主要强调的是个体将特定行为视作达成目的的手段，是一种利益行为，更接近于姜定宇（2005）描述的利益关系，因此本研究拟采用其量表。但由于本研究的工具倾向更接近于一种行为倾向，而非仅仅是对互动双方关系的描述，因此在不改变句意的情况下对其量表进行适当修订以适合本研究的目的，具体流程与修订后的题项见第四章。

三、工具性的相关研究

目前对工具性的相关研究并不多见，实证方面的则更少，大多集中于人际互动（如关系、互惠等）中的工具性成分及工作场所中某些个体行为（如助人行为、自愿行为、OCB 等）的工具性价值。前者是将关系作为一种工具性手段，可以看作是“关系的工具性视角”；后者更多探讨的是外显行为的工具手段，是一种“行为的工具性视角”，本研究从这两个方面入手，对前人研究进行回顾，以形成概念的理论基础。

关系视角中，大多学者从连带、互惠及关系、网络等层面探讨工具性关系的交换法则（黄光国，1988；刘兆明，1993）、在交往中的作用

(Lawler et al., 1993; 杨中芳, 1999) 及与其他组织变量的关系 (姜定宇, 2005; 蔡松纯等, 2009; 李宛真, 2010; Varella et al., 2010), 在一些实证研究中还检验了诸如物理接邻 (Varella et al., 2010)、权力距离 (蔡松纯等, 2009; 李宛真, 2010) 等变量的调节作用。

从广泛的层面上讲, 工具性的行为视角是探讨特定行为对某种目的的工具价值。部分学者探讨了工作场所个体行为的工具性成分, 其中主要是员工的行为, 但亦有领导的工具性行为。如关注员工间关系的工具性助人行为 (Geller et al., 2009)、任务导向的工具性领导行为 (Podsakoff et al., 1983) 及特定行为的工具性价值 (Hui et al., 2000; Goodwin et al., 2009; Lindenmeier et al., 2011) 等。

具体的研究主题及内容详如表 2-10 所示。

表 2-10　工具性相关研究一览

视角	学者 (年份)	主题	观点/结论
关系	黄光国 (1988)	人情与面子模型	工具性交往依据“公平法则”, 根据对自己较为有利的决策选择交易与否及相应方式
	刘兆明 (1993)	工具报	工具性的报基本上都是“有来有往”, 报的方式与数量也大多有其明确的社会规范 (如公平) 可循
	Lawler et al. (1993)	权力与承诺	承诺行为的情感基础, 如挽留行为与礼物给予, 在结构化权力促进同等主体间的交换频次时, 会促进工具性交换关系部分地转化为情感性交换
	黄光国 (1999)	华人的企业文化	工作上的人际关系是以工具性关系为主, 经营者与员工之间, 都是以“工具理性”的精打细算来求取自身最大利益
	杨中芳 (1999)	人际关系与人际情感的构念化	①人际关系分为三个成分, 即既定成分、工具成分和感情成分; ②在每一次人际交往的场合, 都包含两个层面的往来, 工具交换及情感交流; ③各自在工具层次的良好表现是双方继续交往的最低要求
	姜定宇 (2005)	部属—主管关系与主管忠诚	①部属感知的上下级关系有三类: 人际情感、利益关系、角色义务; ②利益关系在人口特征上存在差异; ③利益关系仅与主管忠诚中的情感与依附维度显著相关
	蔡松纯等 (2009)	领导者上下级关系认定	①领导者的上下级关系认定可分为情感性认定与工具性认定; ②工具性认定仅与利主管及利同事行为显著负相关, 但与利组织行为不相关; ③权力距离只对工具性认定与下属利主管行为的负向关系具有调节作用
	李宛真 (2010)	下属的上下级关系与 OCB	①工具性关系的目标是利益导向的; ②工具性关系与 OCB 整体及每一维度均显著负相关, 且与遵守法纪的相关性最高; ③权力距离的调节作用不显著

续表

视角	学者（年份）	主题	观点/结论
关系	Varella (2010)	魅力领导与工具性网络密度	①群体合作及监控均与工具性网络密度显著相关；②工具性网络密度与群体绩效亦正相关，但二者关系受物理接邻（Physical Proximity）的正向调节
行为	Hui et al. (2000)	OCB 的工具价值	OCB 在提高晋升可能性方面有显著作用，那些考评前展现 OCB 的员工，更可能得到提拔
	Geller et al. (2009)	工具性助人行为	依附焦虑（Attachment Anxiety）同工具性助人负向相关
	Goodwin et al. (2009)	LMX 的工具价值	LMX 包含一定程度的工具性成分，且领导者比下属更为看重上司—下属关系的工具性价值
	Schriesheim et al.（1981）	工具性领导与满意	①工具性领导行为显著降低员工的满意度；②任务维度（任务多样性、反馈等）对二者关系起反向调节作用
	Podsakoff et al.（1983）	工具性领导与下属角色模糊	①工具性领导与下属的角色模糊感负相关；②领导专业度（Leader Expertise）对二者关系起正向调节作用
	Lindenmeier et al.（2011）	自愿行为的工具性模型	期望的成功可能性（是对自愿行为能够带来工具性益处的可能性的主观评估）与自愿行为的意愿正相关

资料来源：本研究整理。

四、小结

当前对工具性的相关研究尚不多见，亦不成熟，且不同学者的研究视角不一，造成定义、测量、结论等多方面的差异。

（1）认识层面不同。黄光国（1988）的解释更狭义，更看重行为的目的性与利益性。杨中芳（1999）则将工具成分放在一个更广泛而普遍的层面上，其重点并不在于关系的工具性程度。她并未将工具成分作为情感成分的对立，反而将其视作后者形成的基础。

（2）界定不够清晰。不同学者基于不同视点对其作界定，关系视角与行为视角虽说在一定程度上反映了工具性的利益导向特点，但同一视角下的不同界定经常被替换使用，并未做出足够清晰的区分，如姜定宇（2005）的部属感知上下级关系中的利益关系与蔡松纯等（2009）的领导者上下级关系认定中的工具性认定，概念重叠、交叉较多。

（3）测量不一。由于界定不清晰，导致测量的合理性受到质疑。两类主要的测量方法均需反思：替代性测量是否真实地反映了所测的构念明显值得商榷，针对性测量对情境外的其他相似构念是否适用也有待考察。

（4）实证研究较少。与关系取向一样，当前对工具性的相关实证研究仍较少，而且由于界定与测量上的问题，使实证进一步受到限制。此外，现有研究多考察工具性的结果变量，鲜有将其作为其他变量成分予以研究。

针对以上不足，本研究在前人文献基础之上，对工具性进行了明确的界定："员工为达成个人目的或获得个人利益，在特定情景指引下，刻意展现出组织或管理者所期望的行为的倾向"，这种界定更接近黄光国（1988）的狭义解释。同关系取向一样，本研究亦将工具性看作一种行为或心理倾向，甚至接近于一种人格倾向。测量上，则对姜定宇（2005）的量表进行修订以适合其界定。然后根据文献及探索性研究，亦将其作为与关系取向相似的权变因素予以探讨，以丰富相关领域的实证经验。

第三章 理论模型与假设

对前人文献的梳理有助于充分认识到现有研究的盲点与不足，明确本研究的探索方向在对构念间关系进行深入而详尽的探讨之后，本章基于组织行为领域相关理论，对当前研究存在的不足进行了分析，并结合前人研究与理论推演提出本研究的理论模型与研究假设。

第一节 现有研究的不足

国内外学者在不当督导、CCB、心理安全感、上司压力、关系取向及工具倾向等方面的相关研究无疑为这些领域的理论发展和工作场所的管理实践提供了重要基础，但现有研究在一些方面仍存在一定不足。

第一，对 CCB 的关注不足，更遑论其影响因素的探讨。当前 OCB 领域的研究主要仍关注的是 Organ（1988）描述的传统意义下的 OCB，其具有两个最基本的内隐前提假设：动机的利他性和情感的自愿性。早期研究并未对这两个假设有所质疑，但后来一些学者意识到 OCB 动机假设的合理性问题，进而引发了对利己动机 OCB 的探讨（Penner et al.，1997；Bolino，1999），而其情感假设似乎不存在疑问。直到近几年，才有学者对此进行了比较深入的探讨，认为同样存在非自愿的 OCB，从而正式形成了

CCB 的概念（Vigoda-Gadot，2006）。但也正因为提出时间较短，国内外学界对此的关注尚不多，相关研究也处于起步阶段。而至于对 CCB 影响因素的实证探讨更基本处于空白状态。

第二，跨文化研究的对比与检验问题。学界目前对 CCB 的研究仍处于起步阶段，无论是 CCB 的定位、边界、内涵，抑或是其测量、构念间关系的研究均十分有限，因而相关结论在不同的社会文化、不同的工作情境中的适用性仍有待进一步确认。组织科学的相关概念基本都有其“情境适应性”（陈晓萍等，2008）。不当督导、CCB 等概念是在西方组织背景下提出的，相关的理论推导和测量也是以西方企业员工为样本，鉴于中西方文化情境的差异，它们能否应用于中国组织，有必要做进一步验证。

第三，不当督导与 CCB 关系的作用机制问题。如前述，由于边界问题，CCB 并不能简单地看作 OCB 的对立面，因此，尽管不少研究验证了不当督导与 OCB 间的关系（Zellars et al.，2002），但这并不代表其与 CCB 间的关系也得到了检验。不当督导减少下属 OCB，及不当督导造成下属的 CCB，显而易见，两种关系的广度、深度及内在机理均有所差异。前者是一种消极退却行为，上司的不当行为触犯了下属的某些积极情感，造成他们“主动地”减少 OCB；后者则是由于上司的不当行为给员工带来极大的压力或威胁，导致员工不得不“被迫地”履行公民行为。Vigoda-Gadot（2006）指出，管理者的压制、强迫等行为，很可能使下属形成 CCB；万华等（2011）也从纯理论层面探讨了不当督导与 CCB 的关系，并指出了可能存在的作用机制（如压力感），然而，目前学界仍鲜有研究对此进行实证检验。

第四，不当督导与 CCB 关系的边界条件。众多研究已证实，不当督导对下属不同的工作态度与行为，可能受到不同的边界条件约束。仅有的几项直接测量 CCB 的实证研究也多是探讨 CCB 与其结果变量的关系及机制（Vigoda-Gadot，2007； 彭正龙、赵红丹，2011），而少数直接针对二者关系的理论探讨则只考虑了中介机制（万华、欧阳友全，2011），仅有极少研究涉及二者关系的边界条件（Zhao et al.，2013）。虽 Zellars 等（2002）

发现，OCB 的角色定义在不当督导与 OCB 间起调节作用，但类似的变量是否在不当督导—CCB 关系中亦有相似作用，仍需探讨。

第二节　初期框架的探索性研究

根据以上不足，结合前人研究与本研究所关注的问题，初步提出了变量间关系的模型，如图 3-1 所示。

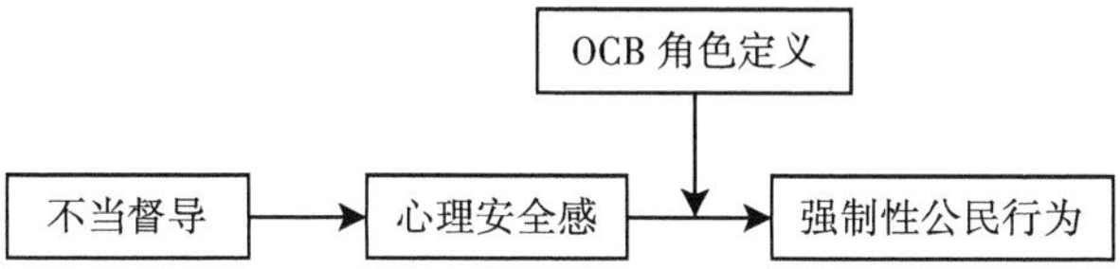

图 3-1　初期理论框架构想

由于当前研究中对 CCB 的探讨仍很少，且大多数研究是在西方组织情境下进行的，不当督导、CCB 等概念也是学者根据西方工作场所的特定情境提出来的，因此，对它们在中国组织中的具体表现及华人员工如何理解等问题，可能与西方有所差异，更重要的是，不当督导与 CCB 的关系虽基本已可确定（Zhao et al., 2013），但它们之间如何作用及存在哪些干扰，相关研究予以的探讨仍极少，因此导致本框架对西方研究的可借鉴性较低。为了解中国组织中 CCB 的现状及初步判断框架的合理性，本研究首先进行了探索性研究。

一、方法及流程

本研究采用半结构化访谈及开放式问卷进行探索性研究，这两种方法一直为众多学者在研究中广泛使用（陈晓萍等，2008）。

最初选取了白银市某所高中的 3 名教师为访谈对象，通过了解之后，又相继选取了兰州市两家企业的 7 名员工为对象，最终选定三个组织共 10 名员工进行深度访谈[①]，整个过程历时约 1 个月。

为获得被试尽可能真实的组织信息，研究者对访谈的误差进行了一定的控制：①访谈开始之前，在征得被试同意的前提下将访谈内容进行录音，并告知被访者访谈内容只用于学术研究，不会外泄任何个人信息，必要内容一经录入即销毁原始资料，降低被试的顾虑；②在现场逐步引导被访者将问题深入化、具体化，以最大程度挖掘被试的信息与感受；③与被访者互动，进行相互问答及交流对同一问题的看法；④尽量避免学术性语言及隐晦、生僻、歧义等词句。

访谈对象的行业及职业分布如表 3-1 所示。

表 3-1　被访者来源

<table>
<tr><th>编号</th><th>性别</th><th>行业</th><th>职业</th><th>岗位</th><th>工作年限</th><th>地区</th></tr>
<tr><td>A</td><td>男</td><td rowspan="3">教育</td><td rowspan="3">教师</td><td rowspan="2">普通员工</td><td>2</td><td rowspan="3">白银市</td></tr>
<tr><td>B</td><td>女</td><td>4</td></tr>
<tr><td>C</td><td>男</td><td>中层管理者</td><td>14</td></tr>
<tr><td>D</td><td>男</td><td rowspan="3">食品加工</td><td>采购人员</td><td>普通员工</td><td>2</td><td rowspan="7">兰州市</td></tr>
<tr><td>E</td><td>女</td><td rowspan="2">销售人员</td><td>基层管理者</td><td>5</td></tr>
<tr><td>F</td><td>男</td><td>普通员工</td><td>3</td></tr>
<tr><td>G</td><td>女</td><td rowspan="4">石油化工</td><td>业务人员</td><td rowspan="3">普通员工</td><td>4</td></tr>
<tr><td>H</td><td>女</td><td rowspan="2">文职人员</td><td>1</td></tr>
<tr><td>I</td><td>男</td><td>2</td></tr>
<tr><td>J</td><td>男</td><td>技术人员</td><td>基层管理者</td><td>4</td></tr>
</table>

由表 3-1 可知，10 名被访者的平均工作年限为 4.1 年，工作时间较长，可以认为他们对组织中的 CCB 有一定程度的了解，因此其提供的观点与信息对本研究具有相当程度的价值。行业分布主要来自教育、食品加

① 访谈的最初契机源于某次同学聚会，谈论到各自的工作状态时，研究者从同学的抱怨中敏感地认识到，高中学校里可能存在十分普遍的“强迫劳动、义务坐班甚至免费补课等典型 CCB”，因而萌生了将定性探索的最初对象选定在该中学的想法。随后在与他们的访谈中，又相继了解到兰州市几家企业可能也存在这种现象，进而锁定了下一步的目标。

工、石油化工三个行业。

访谈内容主要包括：①如何理解 CCB，组织中 CCB 的具体表现有哪些？②组织在什么情境下更可能产生 CCB，其原因为何？③什么样的人更可能表现出 CCB，为何？

与此同时，还在访谈期间对以上三所组织的其他部分员工进行了开放式问卷调查，共选取了 40 名员工现场发放问卷（不包括访谈的 10 名），全部回收。主要内容包括：①列出符合 CCB 定义的品质、行为或工作情境；②列出 CCB 可能会带来的影响（对自己、同事及组织……）；③列出导致 CCB 产生的可能原因（个人的、领导的、组织的……）。开放式调查的样本分布如表 3-2 所示。

表 3-2 开放式调查样本描述

项目	类别	频数	百分比（%）
性别	男	24	60
	女	16	40
单位性质	国有企业	18	45
	民营企业	12	30
	其他	10	25
学历	大专及以下	2	5
	本科	32	80
	硕士及以上	6	15
平均工作时间	5.1 年		
平均年龄	32.4 周岁		

二、结果分析

调查完成后，根据本研究所关注的组织中 CCB 的表现及产生原因这两大问题进行整理，40 名被试共得到 223 项事件。首先根据几项标准剔除事件：①不属于本研究对 CCB 定义的任何一种情境的；②行为的意愿未必出于被迫的；③信息缺失、表述不够清晰的。最后共得到 177 项有效事件。

然后研究者邀请 1 名人力资源专业的硕士将访谈录音及开放问卷的调查结果进行转码、编码及录入，首先根据本研究的研究目的与问题识别出相关的关键词作为编码依据，然后采取二人背靠背编码的方式独立编码，编码一致性为 89.1%，再对存在差异的编码进行讨论、协商，以确定最终编码，然后进行内容分析（包括词频分析、语义分析等）。最终得到 29 个开放编码项目及 11 条轴心编码项目，如表 3-3 所示。

表 3-3 深度访谈与开放调查的编码项目及频率

轴心编码	开放编码	内容/例子	频次（%）	合计
关系	人际关系	上司会对跟他关系不好的员工提不合理要求	8（1.7）	25（14.1）
	上下关系	看重与领导关系的人可能会服从	6（3.4）	
	中庸	不愿意得罪人的员工会服从	11（6.2）	
安全感	他人行为	别人都这么做，你敢不这么做吗	10（5.6）	22（12.4）
	团体氛围	部门里其他人下班后都加会儿班，你怎么办	4（2.2）	
	上司报复	不履行的话，上司可能会报复、使绊子	8（4.5）	
绩效压力	绩效指标	未完成绩效指标，小组成员都不得不加班	4（2.2）	16（9.0）
	工作指标	仿先进同行的指标，造成工作负担增加	6（3.4）	
	工作难度	工作难度过高，不得不加班	2（1.1）	
	工作进展	没能按时完工，不得不加班	4（2.2）	
服从	暗示	领导暗示员工应该服从	6（3.4）	12（6.8）
	不质疑	领导强调他的分配是公平的，无须质疑	3（1.7）	
	不冲突	与领导不太对付时，会被提不合理要求	3（1.7）	
社会支持	靠山	员工背景很强时，可能无须服从	4（2.2）	4（2.2）
目的性	动机	为了获得他人好评，会履行要求	15（8.5）	28（15.9）
	迎合	有的人为拍领导马屁，说啥干啥	7（4.0）	
	有求于人	有求于领导时，常会服从	6（3.4）	
经济支持	经济来源	经济收入单一时，不太敢反抗	4（2.2）	10（5.6）
	经济压力	经济上不得不依靠组织时，会履行要求	6（3.4）	
工作流动	就业能力	缺乏其他就业渠道时，不太敢反抗	5（2.8）	10（5.6）
	离职	打算辞职时，可能不必服从	2（1.1）	
	工作机会	如果我有其他待选工作，干吗要忍受	3（1.7）	
领导行为	领导要求	领导直接要求员工履行	4（2.2）	26（14.7）
	期望	领导总是表达 TA 希望我更加努力的想法	3（1.7）	
	应付检查	上级单位来检查，领导规定必须签到、坐班	19（10.7）	
主管权力	资源	领导掌握资源时，个人不得不服从	13（7.3）	18（10.2）
	权力	领导权力很大时，可能要服从	5（2.8）	
嵌入	契合组织	感到与组织很匹配，不愿轻易离开的，可能会履行	6（3.4）	6（3.4）
开放性	信息流动	如果公司很封闭，外部信息无法获知，人事流动十分不便时，可能也会服从	6（3.4）	6（3.4）

主要有以下结论：

（一）不当督导与 CCB 的关系可能存在

表 3-3 结果表明，14.7%的事件描述指向领导行为，可分为三类：领导的直接要求、领导的期望及应付上级的检查，其中最后一种情形最多，为 19 件，占 10.7%，主要情境有“在绩效核定时、评比竞赛时或其他事关领导形象、面子等情境下，领导会提出不合理命令，要求员工额外努力”。

而且，访谈结果也与之相合，被访者 A、D、E 均认为领导的一些不合理要求会强迫员工履行角色外行为，如 D 所述，“入职（2 年）以来，记得共有 3 次上级领导考核部门绩效，每当这时，主管就会强制命令大家加班，一开始有人不愿意，但没多久就被调到基础岗，大家知道之后，反对就不怎么激烈了，久而久之也就习惯了。”

可见，当领导认为某些工作任务对自己很重要时，会将其转嫁给下属，通过强制要求使下属为其服务，这就孕育了 CCB 的可能。

（二）CCB 产生的可能机制

由表 3-3 可知，有 12.4%的事件指向安全感，主要因为员工害怕上级的报复，而且群体中其他人的态度也会起作用。被访者 B 谈道，“有时上司的一些要求是不合理的，每个人好像都明白，但只要这些要求不严重侵害到自身利益，没有人主动提出来，一个也没有，要是谁不小心冒犯了上司，即使上司不说什么，同事也会很怜悯地看着你，好像你是白痴”。

而指向主管权力与服从的事件占 17.0%，主要涉及感知主管权力的大小及在此之下的服从风险评估。被访者 D 和 G 都体验到来自领导的压力，G 指出，“上级的命令有时很让人难受，有时与工作根本不相干，有时又让你离开工作岗位去替他完成私人事情，有时又命令不一，我常常感到压力重重，亦为此焦头烂额，有心拒绝却又不敢”。

由此可知，即使员工能感觉到上司行为的不合理，但迫于群体压力或领导手中的权力，而不得不执行，被访者 B 与 G 所描述的情境可分别归纳为“安全感”与“上司压力”，这进一步深化了初期模型，说明心理安全感的作用机制可能是合理的，但个体感知的上司压力也可能在其中起作用。

（三）可能的条件因素

表 3-3 显示，开放式调查中指向关系的描述占 14.1%，主要涉及与上司的关系、对上下级关系的重视程度及中庸思想。如访谈中被访者 C、H 的描述，“我们单位的 W，平时工作上不怎么努力，就知道巴结领导，但有一次临时赶工，领导命令大家加班，好几个人推说家里有急事，但只有 W 被批准”。这可能显示，关系的不同在领导不当行为的结果上也有所差异。

指向目的性的描述占 15.9%，主要有动机、迎合及有求于人。访谈中有大量类似的描述，如被访者 F、I、J 都描述了这种现象，如 F 指出，“我发现有些人真挺有意思的，我们单位有些同事平时工作毫不积极，每到年终考核、人事变更时，就一反常态，有领导出现的地方，就有他奋力工作的身影，我们都自叹不如。”这可能表明，有的员工履行 CCB 是动机取向的，是为了达到一定目的。

本研究将此处描述的现象归纳为“关系取向”与“工具性”，在这些特征上，不同的员工可能对上司强制行为的感知亦不一样。

（四）其他变量可能的影响

表 3-3 还显示了指向其他可能因素的描述，如嵌入，表示员工与组织感情很深，或出于各种考虑，不太愿意轻易离开组织。访谈也暗示了这种可能，如被访者 G，描述“如果我觉得在组织中工作起来比较舒适，与组织的互动交换也比较公平，我可能不会轻易离开，此时也许会忍受不当要求”。本研究将其归纳为组织嵌入度，可能对履行 CCB 有影响。

同时还有工作流动，表示员工能够选择其他工作的能力，被访者 G 亦有类似描述，“对上司强制的不合理要求，我第一反应时，为何我要服从？若不是现在找其他工作太难，我何必在此受你的气”。本研究将其归纳为工作流动性感知，可能会影响对 CCB 的态度与反应。

组织的开放性也是可能的因素，被访者 H 指出，“如果公司很封闭，外部信息无法获知，人事流动十分不便时，既不能知道其他组织是否存在类似状况，跳槽的机会也受限制，这时可能会服从”。

此外，表 3-3 结果还显示经济支持、社会支持及绩效压力等因素也可能对 CCB 起作用，但在访谈时并未发现相关描述，因此本研究不对其进行探讨，但可考虑作为未来研究的方向。

第三节　研究模型修正

针对现有研究的不足之处，并结合深度访谈与开放式调查的结果，本研究对构念之间的关系进行了逻辑和理论上的推演，从而确定了本研究欲探索的方向。

（1）不当督导对 CCB 的影响的探索。本研究欲以员工个体感受的领导方式（主管的不当督导）与自身行为反应（员工的 CCB）为出发点，结合“情感—行为”二维心理模式，以中国组织情境的员工为对象，对不当督导与 CCB 的关系进行探讨。

（2）不当督导影响 CCB 的内在机制的探索。内在机制是变量间关系的“黑箱”，打开黑箱才能知道其关系是如何形成的，其影响是如何运作的。在组织行为领域的研究中，与工作有关的心理感知变量往往能较好地对其内在机制进行解释。本研究欲引入上司压力与心理安全感作为中介变量，用以解释不当督导影响 CCB 的作用机制，即不当督导可能通过三种方式对 CCB 起作用：第一种是不当督导直接影响 CCB；第二种是不当督导通过上司压力与心理安全感间接影响 CCB；第三种是前两种的混合效应，即不当督导同时以直接和间接两条路径对 CCB 产生影响。

（3）不当督导对 CCB 的影响因素的探索。研究中通常存在一些权变因素或边界条件，它们会对自变量与因变量关系大小产生影响，即调节作用。在组织行为领域的研究中，个体特征（包括人格倾向）通常是最常见的调节变量。本研究欲引入关系取向与工具倾向作为调节变量，用以明确不当督导对 CCB 影响作用的权变条件，即不当督导对 CCB 的影响受个体的人际关系取向与工具倾向的调节。换言之，面对主管的不当督导行为，下属知觉的被强迫程度，对不同关系取向或工具倾向的人而言，可能是不同的。

（4）其他可能影响中间变量与结果变量的因素的探索。除了自变量不当督导外，很多学者的研究也发现了组织中还存在一些其他因素对中间变量和结果变量产生影响，但由于本研究聚焦于不当督导与 CCB 关系大小的调节变量，因此将那些可能对结果变量 CCB 产生影响的变量作为控制变量。根据探索性研究的结果，本研究欲将组织开放性程度、工作流动性及组织嵌入度作为控制变量。虽并无现有研究明确提出它们与 CCB 存在相关性，但从逻辑上是可能的，因此将它们作为控制变量处理。

组织开放性（Organizational Openness）。Singh（1996）指出，高开放性的组织代表了工作中的非正式特征，拥有多种简便的沟通渠道且社会化时间（Socialization Period）① 较短；相反，封闭的组织则反映了正式的运作方式，垂直的沟通渠道及较长的社会化时间。Hofstede（1990）也认为，开放性的组织文化有利于沟通及组织之间的联系。Burns 和 Stalker（1961）对组织的开放模型做了论述，指出组织是一个流动式的网络结构（任晓林，2004）。因此，开放的组织将有利于劳动力要素的流动和析出，而且易于获得其他组织的相关信息，当面对领导的强制行为时，拥有一定的可选择余地（如退出该组织，加入其他组织）。访谈及开放式调查的结果也显示了这种可能性。

工作流动性知觉（Perceived Job Mobility）。根据 Hui、Law 和 Chen（1999）及 Tepper（2000）的研究，流动性知觉是员工对离职的一种风险评估。个体对不适感及不良刺激通常存在一个上限，若员工认为离职后找到其他工作并不存在什么障碍，则可能不需要忍受恶劣的主管。Tepper（2000）研究也指出，不当督导与离职意愿的正相关关系受工作流动性知

① 指年幼动物最可能建立社会关系、形成基本人格（尤其对人类）及可训练性的关键时期。

觉的调节，即当员工对其他工作的可选择性较低时，不当督导的作用效果会更大。因此，面对上司的非分、强制等不当行为，流动性知觉高的员工并不一定履行上司要求的 OCB；反之，低流动性的员工为保住当前工作，不得不忍受主管，履行其强制要求。访谈及开放式调查的结果也显示了这种可能性。

组织嵌入（Organizational Embeddedness）。通常认为组织嵌入的概念来源于工作嵌入，Mitchell 等（2001）认为工作嵌入包括组织和社区两个层面，前者即为组织嵌入（也称职内嵌入），后者为社区嵌入（也称职外嵌入）。组织嵌入指员工愿意留在当前组织的程度，可分为匹配、联系和牺牲三个维度。其中，匹配指人与组织的一致程度；联系指员工与其他成员或机构的关联程度；牺牲指员工离开组织所造成的损失（Mitchell et al.，2001）。梁小威等（2005）认为，组织所具有的“黏性要素”影响员工的组织嵌入程度，增加员工的组织信任和组织承诺，从而影响他们的留职意向。因此，组织嵌入度高的员工在不当督导下展现 CCB 的可能性更高。探索性研究的结果也显示了这种可能性。

因此，基于上述分析，本研究对初期理论模型进行一定程度的修正，并做了前述的文献查阅与回顾，修正模型如图 3-2 所示。

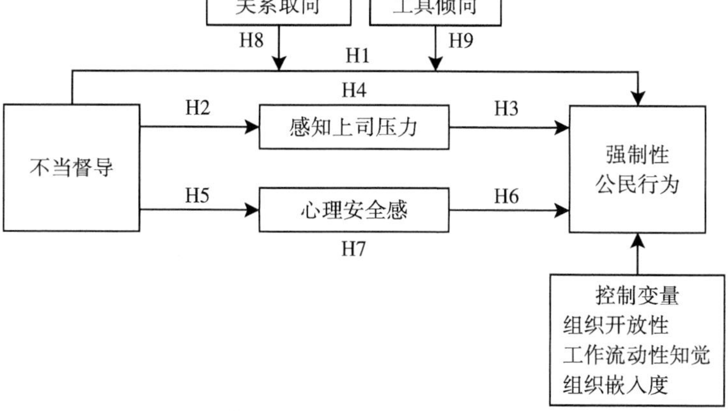

图 3-2 不当督导与强制性公民行为关系的理论模型

第四节 研究假设

一、不当督导与 CCB

由前述定义可知，CCB 是一种个体主观感知的被迫行为，个体虽是动作的发出者，但会感到明显的受迫性，这种感知极易受组织内各种环境因素的影响，尤其领导是组织的政策、态度、行为方式的直接体现者，对员工的影响也更为直观。

其实在 OCB 研究的早期，就有学者提出了 OCB 的角色定义问题：OCB、角色外行为和角色内行为之间的概念界限是否足够清晰、差异是否明显（Morrison，1994）。Morrison（1994）认为，至少在员工层，这种界限是十分模糊的。因此，在一个看重竞争与绩效的工作单元，一些管理者和同事可能试图缩小正式与非正式工作的差别，正如 Morrison（1994）指出的“组织中的角色是相对灵活的，角色感知涉及员工和主管对工作范围的协商”。这种感知是主观的，难免存在分歧，因此某项行动属于角色内还是角色外行为是一种“见仁见智”的多重解释（Rousseau，1989），Morrison（1994）认为通过定位角色内行为与角色外行为（OCB）的界限并不能很好地定义这种多重解释。但可能正是因此而导致了各种形式的不当或剥削行为，将角色外行为强加于员工（Vigoda-Gadot，2006）。

Vigoda-Gadot（2006）也正基于此从理论逻辑上推导出组织中存在的不当督导极有可能造成员工的 CCB。他认为 CCB 是市场导向的，日益加剧的市场压力及激烈的竞争迫使现代组织用各种方法使效益与效率最大化，而强调 OCB 的组织比缺乏这种氛围的组织更健康、更成功（Podsakoff et al.，2000），因此，管理者会将 OCB 作为一个重要目标，为追求高水平

OCB，甚至会采取一些违背员工意愿的极端手段，从而形成一种非自愿的公民行为。具体来说，管理者通过强迫、压制、剥削等领导方式将管理者的期望和意愿强加于员工，会增加员工的受迫感知，形成非自愿的公民行为。为增加组织效能，很多管理者刻意营造高 OCB 的氛围，甚至以一些违背员工意愿的手段片面追求之，不管有意无意，他们常常忽视员工的真实想法和感受（Zellars et al.，2002）。这样一来，员工在感知管理者的领导行为时往往会认为其是不当的或具有破坏性的，在感知自身的公民行为时往往认为并非自愿或迫于压力。万华等（2011）也认为，CCB 是员工的善意被领导的不当行为滥用的结果，管理者无视员工的压力和意愿，甚至采取一些强制性的手段片面追求高水平的公民行为，这不仅会增加员工的工作压力，还会使其感觉到，如不按照领导的意愿表现出乐于进行 OCB，可能会危及到自己目前的工作和地位（彭正龙等，2011）。

不当督导的主要目标是有意识地控制他人，其通常的手段包括强制和说服（Einarsen et al.，2007），当遭受不当对待的员工履行 OCB 时，他们只是因为对这种被迫行为无法反抗或拒绝，是为了自己在组织中的地位不受威胁，只是一种保全自己的行为策略，而非自己的真实意愿（Vigoda-Gadot，2006，2007）。

Zellars 等（2002）指出，组织中存在的不当督导使得员工的 OCB 并不总是个体自主意愿的产物，OCB 的角色定义在其中起重要作用，当主管将 OCB 定义为角色外行为时，不当督导与下属的 OCB 关系更强；而 OCB 被定义为角色内行为时，OCB 作为下属对主管不当督导的反应的可能性较小。其原因可能在于员工对这些行为的自主程度，角色内行为属员工本职工作的范围，在其工作说明书上有明确的规定，员工并不能随心所欲地减少这种行为；但角色外行为则不一样，这是工作之外且不被计入组织奖惩的行为，员工对其拥有较大的自主权，履行与否不会被组织追究责任。这就为 CCB 提供了现实基础，当管理者认识到这种差别时，可能刻意将 OCB 定义为角色内行为，使员工不得不予以执行。由于管理者是权力方，拥有下属所不具备的权力和资源，为提高组织绩效，管理者可能运用手中的权力，扩大下属的工作职责，强迫下属做一些职责之外的工作（Wu，2009）。这通常表现为，上级刻意压缩本职工作与职责外工作之间的界限，使本属于角色外的工作变成貌似职责内的工作，并使得这些额外工作看似合理。上司的这些不当督导行为会严重降低员工对所从事工作的意义感知，影响其工作满意度，并给员工带来沉重的压力感，形成 CCB。

Wu（2009）也认为，不当督导持续存在的原因在于上司很大程度上掌握了下属需求的必要资源。在中国这样一个权力距离较大的国家，领导的权力过大并制约着下属工作生活的方方面面，因此员工更易顺从权威，即使领导的行为不当，即使有违员工自身意愿，但考虑到自己的利益和其他因素，员工也往往选择沉默或服从（郑伯埙等，2000），这就极可能增长 CCB 的发生。Zhao 等（2013）也指出，不当督导与 CCB 间存在正相关关系。由此，本研究提出以下假设：

H1：不当督导与 CCB 正相关。

二、感知上司压力在不当督导与 CCB 之间的中介作用

（一）不当督导与上司压力

作为一种典型的破坏型领导行为，不当督导会产生诸多消极影响（Tepper，2000），尤其当员工将主管、同事及客户的互动进行比较时，更容易产生消极情感（Tepper，2007），造成诸如心理焦虑、情绪耗竭（Aryee et al.，2007）、职业压力（Tepper et al.，2007）等。而上司压力正是一种情绪导向的压力，其压力源一般来自个体对特定环境中上司行为的认知，权威领导将工作特定的要求和限制加诸员工常常会造成其工作压力（Tepper，2000，2006，2007）。

当前研究显示，员工的工作压力主要产生于两个方面：工作控制感与自主权及角色清晰度与绩效压力（Offermann & Hellmann，1996）。而所有这些因素，领导者均在其中起着相当程度的作用，例如工作控制的最常见形式为授权与参与决策，领导者对其的掌控程度往往决定了这些形式的实现水平（Offermann & Hellmann，1996）。领导者的行为方式与下属的压力

感知密切相关，非参与的、控制型的领导，通常不能明晰组织的目标与责任，其不合适的行为往往给下属带来更多的紧张与压力。因此，下属感知的压力可能与上司的未能提供工作控制与参与、低目标清晰度、高绩效压力及低估自身行为（尤指上司的不当行为）与下属压力的关系有关（Offermann & Hellmann，1996）。员工在面对上司不当要求时会产生服从的压力，通常会面临一个两难的困境：一方面，若下属服从上司，履行上司要求的不当行为，在上司的眼中可能是懂事、识时务的形象，但由于要求本身就是不适的，因此在组织或同事眼中，其行为本身就是错误的；另一方面，若员工不服从，虽然对组织或同事而言没有做“错误的事”，但可能会给上司留下“不懂事”的印象，因而面对上司的不当指令，员工很容易产生压力。

研究发现，由于上司手中握有权力与资源，因而会对工作场所的下属产生影响，尤其当上司的行为不适切或过度指向下属时，便容易使下属感知到来自上司的压力（Tepper，2000）。由于员工经常要在经济上依赖于主管，因而上司的不当行为一般并不会造成实际的离职，而是产生一种不公正感，降低员工的自我价值及自尊，进而产生心理压力（Tepper，2000）。公平启发论（Fairness Heuristic Theory）也有类似的解释，个体所属组织或主管的行为会引发下属的信任感或受剥削感，进而影响其进一步的工作态度与行为（蔡启通，2007）。因此，当个体面对上司的不当督导行为时，会与其他个体进行比较，通过与组织中其他员工或其他组织员工的横向比较，会产生一种不公平感，进而引发其“遭受到组织或上司的剥削”的认识，感受到上司的压力。

认知交互理论同样可以用于解释上司压力是如何产生的：当员工接收到上司的某项要求（尤其是不适指令）时，当知觉到自身资源与能力不足以对抗时，便会产生压力感知，由于其压力的直接来源为上司，便形成感知上司压力。

而且，当主管经常出现不当言行时，员工虽然可能产生愤怒情绪（吴宗佑等，2002），但碍于组织的奖惩或感知到主管的权力很大时，员工不太可能对主管进行直接的报复，此时即使内心不满，也只能采取忍耐、退让等规避性应对方式，克制自己的负向情感流露（黄曬莉等，2008），这给个体带来沉重的心理压力。

万华等（2011）也指出，上司常利用强制说服策略扩大下属的工作范围，通过模糊角色边界将本属角色外的工作纳入到角色范围内，甚至通过一些激进措施刻意使员工承担更多的角色外行为。这些方式虽手段不同，但其共同后果是给员工带来沉重的压力感，由于这些压力直接来源于上司，因此会使下属产生感知上司压力。

基于此，本研究提出下述假设：

H2：不当督导与上司压力正相关。

（二）上司压力与 CCB

研究表明，压力与自主性呈显著负相关，随着压力水平的增加，个体的自主性感知明显降低；与控制感的关系也大致如此，即当员工压力越低，意味着其具有自觉的效能感与控制感，越会积极地表现出 OCB（Moorman，1999）。因此，可以预见，在高压力的状态下，个体对工作的控制感与自主性均会下降，其主动性降低，反而可能增加工作中的被动感。在高压力下，一旦员工的工作状况不理想，可能形成认知转移，将不利原因转向自己以外个体或组织，因而可能会感知职权受限，甚至可能认为组织的规章制度、资源配备、人事调度等都成为其工作的限制和麻烦，此时，被上级刻意模糊工作边界而要求的 OCB 更会给员工带来一种被强迫感，形成 CCB。

上司压力主要来自上级主管的命令，当个体面对上司压力时，在心理上可能发生违背自我意识的情况，即屈从于上司压力，从事迎合上司决策的行为（付泽伟，2006）。因此，上司的不当要求或行为会使员工感知到上司的压力，在这种压力下，员工不得不表现出上司强制要求的角色外行为（即 CCB）。

而且，由于上下级关系中的不利地位，下属在面对上司带来的压力时，所能做出的选择往往十分有限（拒绝或服从），如果选择服从，则不仅显得“识时务”，不得罪领导，还有可能在考评、晋升时得到更多机会；但若选择拒绝，则需考虑和承担相应后果，如受领导的报复、被“穿小鞋”、“冷处理”等。而中国人服从权威的倾向又比较高（吴宗佑等，2002），他们不愿得罪他人，害怕反抗后遭到领导的报复和权威的打击，因此很多时候宁愿忍气吞声也不会“出头”，反而可能采取逢迎策略，对领导的不当行为予以容忍，这进一步刺激和加深了上司的不当行为。因此，在主管的压力面前，下属实际上很难获得对等选择的机会，反而经常是别无选择，其产生的消极后果即是一种典型的 CCB：员工虽对领导的不当行为不满，虽对不合理的额外工作很不情愿，但迫于权威的压力，仍不得不展现出上级所要求或期待的行为。

此外，Harvey 等（2007）发现下属的逢迎策略也可以缓冲不当督导对工作紧张的影响。逢迎策略的有效使用可以为个体提供一种控制感，以及应对压力性环境所需的资源（实际的或知觉性的），这种策略也可以作为应对不当督导的有效方法。因此个体也可能通过逢迎行为来缓解上司的压力，这同样表现为履行上司的强制要求（即 CCB）。张永军等（2010）也认为，对于那些本不乐意展现 OCB 的员工，在一些工作情景下，迫于领导关系和压力，也不得不展现非自愿的公民行为。

因此，基于上述分析，本研究提出：

H3：上司压力与 CCB 正相关。

（三）上司压力的中介作用

从心理学角度看，态度和行为是互为影响的，上司压力首先是一种个体的心理感知，其次更因其直接来源于主管，因而明显易受领导行为（尤其负向行为）的影响；当员工感知到这种压力时，会增加个体工作行为的受迫感（万华等，2011）。具体讲：当上司的不当或越轨行为使员工感知自己受到不合理对待时，员工对组织的信任会降低，形成一种压力甚至不满的情绪感知。不当督导的主要特征之一是其敌对性，当员工做出了自认为合理的付出与努力，不仅未得到相应的肯定和奖励，反而感知到上司明显的不友好行为时，就可能对组织产生怀疑、产生压力或失望心理，继而重新审视自己与组织的匹配程度，并思考在这样的组织中自己的角色适应性，其结果往往造成员工的压力。

而且，主管的行为常与下属的感知密切相关，员工对有不当行为的主管的评价通常也是消极的（Tepper，2000）。这在工作行为上的主要表现如界定下属的工作边界，若上司对下属工作边界的说明与下属实际的职责权限有较多出入，或当上下级间缺少沟通、下属的成绩得不到肯定或绩效无法得到公正的评价时，下属便无法判断自己所做工作是否正确、必需抑或越权，对自己的工作方式及工作职责产生不确定感；或者更为直接地针对下属个人的不当行为如辱骂、斥责下属，给下属“使绊子”，将下属的功劳据为己有等，则更直接地使下属感知到上司的敌意与不友好，形成感知上司压力。因此，组织中不当督导行为越多或越明显，员工的上司压力感就可能越高。

那么，面对上司压力时，下属又会如何反应呢？Milgram（1974）的权威服从理论（Obedience to Authority Theory）做出了相应解释：主管作为掌握权力及资源的一方，下属将服从上司在组织内的指令，而无论其是否有关工作职业（DeZoort & Lord，1994）。换言之，上司的不当督导容易引发作为目标者的下属的压力，但鉴于主管手中的权力与资源过于强大，为避免一些不必要的麻烦及自己的职业生涯受到影响，虽未必出于情愿，但往往仍展现出上司要求的行为，即 CCB。

而且，通常在主管与下属的互动中，主管常不受角色规范的束缚，可尽情施展其影响力，因而大多不喜欢其权威受到挑战（郑伯埙等，2000），若员工对上司的不当命令选择拒绝，等待他的将不会是什么“好果子”，在这种压力下，下属通常只能选择屈服，形成 CCB。万华等（2011）也从理论逻辑上推演出压力感可能是不当督导与 CCB 关系的中介变量，且他们所阐述的压力感主要是由上司的不当行为所引起的，是一种典型的上司压力。

鉴于以上分析，本研究提出：

H4：上司压力是不当督导与 CCB 的中介变量。

三、心理安全感在不当督导与 CCB 之间的中介作用

（一）不当督导与心理安全感

心理安全感知是一种信念，指员工认为即使自己参与了有风险的行动也不会导致自己受到伤害（Kahn，1990）。它是与组织中的人际关系长期互动的反映，人的因素尤其会对个体的心理安全感产生显著影响（Edmondson，1999）。研究表明，对心理安全感最有预测效力的因素莫过于领导行为（Tyan，2005），领导手中的权力及行为会影响下属对心理上感知的风险及不确定性（May et al.，2004），因此，不当督导与下属心理安全感的对应关系也是有可能的（Zhao et al.，2013）。

通常，不当督导会增加下属对履行某些行为的风险感知，尤其是该行为可能有损组织或主管形象时（如批评性建言），更易被视作冒犯上司权威的“离经叛道之举”，个体亦会评估自己行为的风险，风险感知越大，对员工心理安全的影响越明显，心理上的安全所受威胁亦越强（吴维库等，2012）。不当督导也会使下属感知到上司的非善意性和不可接近性，增加下属对上司的负面感知，降低其心理安全感。

而且，个体在组织中的人际关系也会对其心理安全感产生积极影响（Kahn，1990； Van Dyne et al.，2008），而不当督导则常伴随着低质量的领导—下属交换关系（LMX）（Tepper，2009），因此会降低员工的心理安全感知。而且，不当督导也会降低员工的组织信任感（Tepper，2000），从而对个体的心理安全感产生不利影响（Edmondson，2004； 李宁、严进，2007）。

此外，根据资源保存理论，不当督导会在组织中营造一种利己的资源情境，由于主管将资源集中于自己，因而这种情景下主管在资源优势上十分明显，下属对资源的拥有与掌控则会受到主管的限制，此时主管有条件也有可能侵占下属的工作资源或提出不合理要求，这使下属感到自己的资源受到威胁，从而增加其对心理安全的威胁感知（Harris et al.，2007）。

根据上述分析，本研究提出：

H5：不当督导与下属的心理安全感负相关。

（二）心理安全感与 CCB

员工的心理安全感知程度往往意味着其对风险的感知，当心理安全感低时，员工可能感知到相关的威胁与风险较大，体现在领导行为上是上司的某些行为表现使下属的心理安全受到威胁，因此，主管不当地要求下属履行额外之 OCB 时，下属会对行为结果的风险进行评估：若认为不履行要求时遭受威胁的可能较小，则会如此选择；但若评估的风险较大，则不论行为的收益如何，均可能选择履行行为。而如前述，中国组织的主管往往拥有较大权力，即使其要求是不当的，但若不履行，则有可能遭受其“背后手段”，因此员工对上司不当督导的威胁感知较大，这种情况下，即使不太情愿，仍只有选择履行 OCB 以降低心理威胁。

而且，上司的越轨行为降低员工的心理安全感，会导致下属既不敢和上司太亲近，也不敢质疑上司的权威，即使上司的行为越轨或不当，也常常选择忍气吞声，以避免上司报复和被“穿小鞋”，不管上司的行为是否强制、要求是否合理，都不得不表现为愿意履行其要求，否则很可能危及自己现有的组织地位甚至无法保住“饭碗”。

此外，Tepper 等（2008）研究发现，不当督导与下属偏差行为的关系受同事对后者态度（同事是否赞成或表现出偏差行为）的调节。具体来说，当同事默许/赞成偏差行为和同事表现出偏差行为两种情况下，员工亦可能进行偏差行为。这是一种典型的从众效应。同样的逻辑，当大部分员工在上司的不当督导下展现 OCB 时（无关其意愿），处于少数人的员工个体不免产生心理上的不安，害怕遭上司“秋后算账”，在这种畏惧心理下，即使不情愿，可能也仍会在一定程度上履行上司要求。

由此，本研究提出：

H6：心理安全感与 CCB 负相关。

（三）心理安全感的中介作用

认同理论倾向于认为，员工个体加入组织后，经过一定时间的磨合，往往会越来越契合当前组织，对所属组织的目标和价值观也会感到一致和认同，由此带来的个人对组织的情感依附和投入程度也随之较高（Mowday et al.，1979）。但不当督导常常破坏组织的角色典范和愿景规划，不仅会降低员工对组织目标的理解和认可程度，也无法使员工将自己内化为组织的一员；领导者长期的不当行为也可能使下属无法感受到组织的关怀和支持，而且他们和直接下属的关系通常并不十分融洽（Tepper，2009），在中国这个讲究人情关系的社会，这很可能造成员工工作的不愉快和无意义感（高日光，2009）。当存在不当督导时，员工对管理者和组织的信任感会下降，付出额外努力的意愿也会削弱，员工感知到的成就、归属和权力动机会降低，甚至对其所从事工作的意义产生怀疑，尤其是不当督导表现出的敌意行为，可能使员工感受到直接的威胁，从而降低其心理安全感。

在中国组织中，个体历来就重视和谐主义与中庸思想，倾向于“明哲保身”以免得罪他人（Hwang，2000； 黄光国，2009）。由于员工对工作环境的知觉会受到以前的态度和行为的影响，当员工的心理安全感下降时，他们相信行事风险行为很可能给自己带来不必要的麻烦，因此更不可能“以身犯险”，挑战权威。此时，他们更可能在心理和行为上产生退缩，为避免被“穿小鞋”，他们往往高度容忍领导定的越界行为，即使有所不满也很少明确提出，因为他们在心理上感到不安全。这样，即使被迫要求表现出 OCB，他们也多选择顺从，这为组织中的 CCB 提供了滋生的温床。

Organ（1988）指出，OCB 内涵的一个重要组成是不行使 OCB 不会受罚，然而事实是，行使 OCB 却成为员工回应领导的不当行为的一种安全的方式。领导过度期待 OCB 给员工带来了压力，使员工不得不履行 OCB 以回应管理者的行为（Tepper，2000）。此外，个体对同事 OCB 的归因也提供了类似的解释：只有当员工所在团体的管理者没有不当督导的行为倾向时，员工会认为同事 OCB 的动机是利他或利组织的，他们才会肯定同事的 OCB；当管理者有不当督导行为时，员工将会认为同事的 OCB 是虚假的，仅仅是为了得到管理者的喜欢或免除受到不当行为的对待，其动机是利己性的和迎合主管的（Tepper，2004）。

但通过故事的另一面不难看出，当面对主管的不适切命令时，若不履行上司的要求可能遭受不当对待，这就使下属心理上产生威胁和不安，为免除经历不当对待，提高心理安全感，下属很可能遵从上司展现 CCB。因为拒绝是一种风险行为，上司多不喜欢自己的权威遭到质疑或挑战（郑伯埙等，2000），这就使得下属更可能选择服从。

基于此，我们提出如下假设：

H7：心理安全感在不当督导与 CCB 之间起中介作用。

四、关系取向的调节作用

由关系取向的定义可以看出，不同人可能有着不同的关系取向，关系取向的不同又会造成不同的认知、反应和行为方式（佐斌，2002）。而且华人企业情境中，个体与他人的行为互动方式主要根据己群关系的差别而有所不同（费孝通，1948），因此，在领导方式—员工行为这一互动模式中，主体与客体的关系同样会对其产生影响。尤其在上下级关系的特定背景下，个体的关系取向表现得更加明显（姚飞等，2007）。

有些学者探讨了关系取向在人际网络中的运作方式：员工首先对自己与主管的关系进行感知和评判，然后依据感知的关系进行关系定位，继而表现出相宜的互动行为（胡士强等，2010）；也有学者指出这是一种关系性原则，即员工个体以关系作为行为反应的原则（佐斌，2002）。然而，具有不同关系取向的人在利用其感知到的关系决定其行为方式时，是否这些感知关系对行为方式的影响程度会有所差异？

尽管感知关系对主体行为方式的影响已被很多学者所肯定，但这种影响是否在不同关系取向的个体之间存在差异，却鲜有研究。因为关系取向反映了个体对人际关系重视程度的评价，这反映在上下级关系中则表现为对上级越轨行为的容忍程度，因而有可能影响不当督导这一典型上级越轨行为对关系互动中下属行为反应的影响大小。

Zhao 等（2013）指出，员工传统性对不当督导与 CCB 两者的关系起调节作用。高传统性的员工思想更加保守，对权威更加服从，行为也更加安分（杨国枢，1993；郑伯埙，1995；Farh et al.，1997；黄光国，2009），因此与传统性程度较低的员工相比，他们对主管的不当督导行为会更加容忍、退让（黄囇莉等，2008），不会轻易质疑主管的威权、降低其信任（吴宗佑等，2002），因而更可能展现 CCB。个体的关系取向可能也存在类似的作用。

对于高关系取向的员工而言，他们持有的观点是紧密的关系更易带来成功（Xin & Pearce，1996），因此他们可能对发展人际关系尤其是上下级关系十分热衷，并将维持和发展社会网络及人际关系作为工作、生活的重心，在发生冲突时，也会将维持人际和谐摆在优先位置，即使他们感觉到上级行为明显不合理，也可能在心理上人为地降低其不合理性，因而对不当督导表现得更加容忍。另外，人际关系天然地具有个体关系的取向，当员工的关系取向较高时，会更可能出于私人感情进行思考和取舍（胡士强等，2010）。根据认知失调理论，他们不满意的实际感受与维持人际关系的隐性心理产生矛盾，这时他们极有可能通过忍气吞声、降低领导的越轨感知等调节方式，自我转移这种失调，从而降低不满和被强迫感（阿伦森，2007）。而且在高关系取向下，当下属体验到主管的不当行为时，可能会将主管的这一行为部分地归因于组织（如组织缺乏有效的程序以对主管的不当行为进行约束和限制），这种感知下，下属对上司行为的反感程度可能较低，OCB 的被迫感知亦较低。

但对于低关系取向的员工而言，他们可能认为干好本职工作比搞关系更实际，因此可能并不愿意在人际关系上投入过多时间和精力，他们顺从和容忍领导越轨行为的意愿性较低，当与上级产生分歧或冲突时，他们会更倾向于直言陈述和表达事实，而非唯领导马首是瞻。当他们感知到领导的不当行为时，一方面，他们可能“敢怒不敢言”，虽然不满，但迫于领导的权威只能“含怒而为”，表面上表现出公民行为，但对上级的不满并未消除和转移，因此个体会感到被动和受迫；另一方面，有的员工可能“敢怒也敢言”，但这种互动和反馈对不当督导往往效果不大，而且有可能遭到领导的报复和冷落，这又客观地加剧了员工的沉默和不满，从而更显著地激发其被迫感知。

吴和懋（2002）分析了华人社会中的人际调解模式，主要考量情境中关系的角色义务，而决定选择何种取向较为合理。结果显示，人际关系的亲疏是选择时的主要考虑，当双方的关系越亲近，便会越容忍对方的不适切行为；随着人际关系的疏远，重视个人价值的理性行为取向则显出较高的合理性。而关系取向与领导下属交换质量高相关（梁建，2002），因此，可以预见，高关系取向的员工更可能容忍上司的不当行为，因而受迫感较低。

基于此，本研究提出如下假设：

H8：低关系取向的员工相对于高关系取向的员工而言，不当督导与其感知到的 CCB 之间的关系较强。

五、工具性的调节作用

人们行为的原因常常可在动机层面找到部分答案，员工 OCB 的诱发动机主要有两种：社会交换的动机和移情的动机（Rioux & Penner，2001）。这两种动机虽然理论基础不同，但有一个共同的假设——利他主义，二者均从利他行为入手解释了 OCB 的两种可能途径。但该假设仅看到了 OCB 的积极诱因，而忽略了它更为可能和经常的消极动机——作为工具性的价值和动机（Hui et al.，2000）。这类动机在西方已得到广泛验证。James（2010）基于自愿主义对他人取向和自我取向的研究表明，员工的价值表达、社会及职业等相关动机都可能预测其 OCB。Marcia（2011）通过对 OCB 进行功能分析得出了类似的结论，他认为个体的 OCB 有内在（他人取向）与外在（自我中心取向）两类动机。

众多研究都已证实，员工的 OCB 并非不会因之获得个体奖赏，而是会受到确实的精神或实物上的奖励（Bolino，1999），尤其在考核和晋升时会起到无形的加分作用。例如，管理者对绩效进行考核时，常会将员工的 OCB 考虑进去，他们往往会优先晋升高 OCB 的员工，上级很可能将表现出 OCB 的员工视为更有奉献精神的工作者，这常使上司做出高于客观业绩的评价。研究证实，当员工感知到若进行公民行为可能会给自己带来有形或无形的好处时，他们便会以组织中掌控资源的重要人物能够观察到并能够做出积极解读的方式高频率地实施 OCB（Bolino，1999）。可见，OCB 会给员工带来积极的影响，因此讨论和评价员工 OCB 时便不能无视其可能的工具性动机。

显而易见，从组织角度看，员工的公民行为存在两种截然相反的动机。一是社会交换动机，即员工认为受到了组织的公平待遇，对组织产生满意感和信任感，为了回报组织而出现 OCB，这是能够促进组织效能的积极动机；二是工具性动机，员工为了从组织中尽可能多地获取好处，而刻意表现出 OCB，这是一种消极动机，由于不具有持久性，因而不可能提供组织绩效（Hui et al.，2000）。

对低工具性的员工来说，他们可能未意识到 OCB 的重要性，或不屑于为了考核、晋升等目的而刻意在主管面前表现出高水平的公民行为，因此他们偶尔展现的公民行为仍是出于积极的利他主义动机，基本不会感到受迫性。但对高工具性的员工而言，面对晋升机遇时，这些认为 OCB 对晋升有工具性价值的员工可能会敏感地捕捉到：显性层面上展现出的 OCB 越多，获得晋升的机会就越大，而在得到晋升后，由于其目的已经达成，其 OCB 则会明显减少（Hui et al.，2000）。此时员工表现出的公民行为实际上已背离了 OCB 的自愿、无私原则，带有明显的工具性动机。而员工意识到这些行为也许会带来相应好处时，可能进一步刺激其挖掘 OCB 的工具价值。此时，面对不当督导要求之强制行为，也许员工仍有一定的不满，但亦更可能为获得利益而展现之。

而且，由于工具性关系中的情感成分甚为微小，个人以公平法则和他人交往时，比较能依据当时的情境，做对自己较为有利的决策（黄光国，1988），其在工作场所的体现是：员工可能会因与老板/同事之间的关系判断或角色期望的差异，形成不同的工具判断，进而展现出程度或方式各异的工具性行为（刘兆明，1993）——如果个体认为某项交易关系的结果对自己不利，则可能提出条件和对方讨价还价；对于对方不合理的要求，也可能严词拒绝；如果对方不接受自己的条件，还可能中止这项交易（黄光国，1988）。因此，高工具性的员工由于意识到 OCB 的潜在价值，在面对上司不当的额外要求时，可能认为这些行为是其潜在收益的代价，因而会比较乐于接受，不易产生不公平感；但对低工具性的员工而言，其报酬是基于核心绩效产生的，主管要求的额外行为是多余且不当的，与其报酬是不对等的，因此更可能产生不公平感，从而增加被迫感知。

基于此，我们提出以下假设：

H9：高工具性的员工相对于低工具性的员工而言，不当督导与其感知到的 CCB 的关系较强。

第四章　研究设计与方法

第一节　构念的操作化定义与测量工具

为控制语意差别对问卷有效性的影响，本研究所涉及构念的测量量表凡为西方学者开发的，均采用了翻译—回译方法。首先，原始量表由一位企业管理专业博士生译为中文，再由一名英语专业的博士生回译为中文，再将原英文、中文译文和回译英文呈现给一位人力资源方向的博士生；然后由以上几人和研究者组成小组进行座谈，并分别邀请一位人力资源方向及一位中文系的资深教授参与，对语意不一致和表达有歧义的题项进行深度讨论，最终确定合适的中文译句。

尤其是对原始量表进行过修订的测量题项，不仅仔细讨论了调整后量表的合理程度及内容效度，还在预调查之前选取了小规模的成年人样本进行试测，然后就其结果对个别题项再次微调，然后再测，直到测量结果均良好为止①。

本研究的所有题项都采用 Likert 五点量表。由于涉及的构念较多且存在一些负向构念，考虑到被试填答问卷的疲劳感及对负向测量可能产生的抵触心理（Tepper，2000），本研究在量表信效度差别不大的情况下尽量选择短型量表，以尽可能获得被试较为真实的回答。

一、不当督导

本研究对不当督导的定义采用 Tepper（2000）的界定，即下属感觉到管理者持续表现出的语言和非语言的敌对行为，但不包括身体接触。

测量量表则采用 Mitchell 和 Ambrose（2007）发展的 5 题项的短型量表。该量表已得到国内学者的验证，信效度较高（高日光，2009）。量表的具体题项如表 4-1 所示。

表 4-1　不当督导测量题项

编号	题项	来源
BD1	我的上司常常在别人面前说下属的不是	Mitchell & Ambrose (2007)
BD2	我的上司常常在别人面前贬低下属	
BD3	我的上司常常说下属的想法和感受很蠢	
BD4	我的上司常常嘲讽下属	
BD5	我的上司常常说下属的工作能力不足	

二、强制性公民行为

本研究中 CCB 采用的是 Vigoda-Gadot（2006）所给的定义，即员工感受到的来自主体、客体及（工作）环境的压力，而被迫表现出的一种非自愿性的公民行为。对其的测量，同样采用 Vigoda-Gadot（2007）开发的 5

① 在正式的小样本预测试之前，一共进行了两次小范围试测，第一次选取兰州市某高校企管专业某班级的 30 名大学生。之所以如此，是出于专业性质的考虑，希冀被试可以对测量提出有意义的建议与反馈，结果显示少数题项的语义不清晰、区分度不好。修订后再次试测，选取了甘肃省某中学 40 名教师为对象，此次是出于测量普适性的考虑，研究者希望得到一个能够测量普通工作情景的一般性量表，此次结果表明量表的信度及题项得分的区分度均良好，适合进行正式调查。

题项的测量量表，该量表经国内实证研究检验，信效度良好（彭正龙、赵丹红，2011；陈明等，2013；Zhao et al.，2013）。具体题项如表 4-2 所示。

表 4-2　CCB 测量题项

编号	题项	来源
QZ1	迫于上司的压力，我要付出额外的努力来满足其工作要求	Vigoda-Gadot (2007)
QZ2	公司内有义务加班的习惯	
QZ3	上司总是期望我在工作上付出更多的努力	
QZ4	即使不情愿，我也不得不义务帮助其他同事	
QZ5	即使不情愿，我也不得不义务协助上司的工作	

三、上司压力

根据 DeZoort 和 Lord（1994）研究中的论述，可将其理解为来源于上司的命令（尤其是不当命令）而给下属带来的压力感。

测量则来源于付泽伟（2006）研究中所用量表。如前述，由于该研究的样本对象来源于政府机关的财务人员，题项的具体内容也涉及预算的编制状况，因此本研究首先对其进行了些微的调整，在不改变句意的情况下使其测量可以用于普通岗位的工作场景，然后与本研究量表翻译小组的成员进行了座谈，最终从正反面各选取区分度最高的两题，将正面问题作为反向题项，将其修订为 4 题项的量表，并随后进行两次小范围试测，确定了最终文字表述。

具体的测量题项如表 4-3 所示。

表 4-3　上司压力测量题项

编号	题项	来源
SS1	单位主管很重视我的工作业务（R）	修订自付泽伟（2006）
SS2	单位主管很重视我工作的执行进度（R）	
SS3	工作上，我常被上司要求做出不适当的行为	
SS4	上司要求我做出不适当行为，已造成我工作上的困扰	

四、心理安全感

本研究对其的定义采用的是 Brown 和 Leigh（1996）研究中对 Kahn（1990）定义的发展，即组织成员能够无畏惧地及在负面情绪状态下展现与表达自我。该定义强调员工在个体水平上的心理感受，与本研究的目的是一致的。

测量则采用李宁、严进（2007）修订自 May 等（2004）和 Edmonson（1999）的相关量表，共 5 个题项，信效度较高（Zhao et al.，2013）。具体题项如表 4-4 所示。

表 4-4 心理安全感测量题项

编号	题项	来源
AQ1	如果在工作中犯错，经常会受到他人指责（R）	李宁、严进（2007）修订自 May，Gilson 和 Harter（2004）与 Edmonson（1999）
AQ2	我害怕在工作中表达观点（R）	
AQ3	工作中存在一种威胁性的环境（R）	
AQ4	向部门内其他成员请求帮助是困难的（R）	
AQ5	我不害怕在工作中展现自己	

五、关系取向

本研究对其的界定采用佐斌（2002）的定义，即以关系作为核心进行角色界定并做出相应的行为反应的一种心理倾向和行为风格。

测量则采用 Cheung 等（1996）“中国人性格量表 2（CAPI-2）”中人际取向因素中的人际触觉维度，由于原量表题项较多，因此采用陈明等（2013）研究中的做法，选取因子载荷最高的 6 个题项，其研究中信效度良好。具体题项如表 4-5 所示。

六、工具性

综合前人研究，本研究将工具性倾向界定为，员工为达成个人目的或获得个人利益，在特定情境指引下，刻意展现出组织或管理者所期望的行为的倾向。

表 4-5　关系取向测量题项

编号	题项	来源
GX1	为了维持人际和谐，我愿意牺牲个人利益	陈明、于桂兰（2013）修订自 Cheung 等（1996）
GX2	我讲话很少留意是否会得罪别人（R）	
GX3	我容易与人发生冲突（R）	
GX4	如果得不到他人的接纳，我会感到苦恼	
GX5	如果不能与周围人和谐相处，我会有心理压力	
GX6	如果几个人同时找我办事，我会根据关系亲疏排序	

测量来源于姜定宇（2005）发展的“部属与主管关系形式量表”中的工具性关系分量表，共 5 个题项。由于本研究将工具性视为一种行为倾向，因此在其基础上进行了一定的修订。遵循如前述修订同样的方法与流程，最终修订的具体题项如表 4-6 所示。

表 4-6　工具性测量题项

编号	题项	来源
GJ1	我为他人办事，只因能获得相应回报	修订自姜定宇（2005）
GJ2	我的行为是利益导向的，我之所以如此做，无非是因为能获得实质的好处	
GJ3	我与他人的关系是基于实质利益而来	
GJ4	与其他人之间就应该亲兄弟明算账，我努力到什么程度要视奖励的多少而定	
GJ5	我与他人是互利关系，除非给我额外好处，否则我并不需要为他多做些什么	

七、组织开放性

根据 Singh（1996）的观点，开放性的组织代表了工作中的非正式特征，拥有多种简便的沟通渠道且社会化时间较短。

对其测量则采用 Hofstede 等（1990）测量组织文化的开放—封闭维度，共 6 个题项，各题的因子载荷均在 0.6 以上。具体题项如表 4-7 所示。

八、工作流动性知觉

根据 Hui 等（1999）及 Tepper（2000）在其研究中对员工的工作流动性知觉的探讨，可将其理解为“员工对选择其他工作机会的可能性的感知”。

表 4-7 组织开放性测量题项

编号	题项	来源
KF1	只有很特别的人才适合公司（R）	Hofstede，Neuijen，Ohayv & Sand（1990）
KF2	我们部门是公司中最糟的（R）	
KF3	管理者常为小事而计较（R）	
KF4	公司很少在意物理工作环境（R）	
KF5	公司和公司中的人是闭塞而隐秘的（R）	
KF6	新员工需要超过一年的时间才渐无拘束（R）	

测量采用 Hui 等（1999）在其研究中使用的量表，共 4 个题项，其研究中 Cronbach α 系数为 0.66。具体题项如表 4-8 所示。

表 4-8 工作流动性知觉测量题项

编号	题项	来源
LD1	除了目前工作之外，我还有很多工作可以选择	Hui，Law & Chen（1999）
LD2	我能够找到的工作比当前工作好得多	
LD3	如果我在其他地方工作，对时间的利用方式会理想得多	
LD4	对我而言，找到一份其他的合适工作是容易的	

九、组织嵌入

本研究对组织嵌入的定义采用 Mitchell 等（2001）研究中提出的：员工愿意留在当前组织的程度。对其的测量则使用 Crossley 等（2007）测量工作嵌入的整体量表，以综合题项代替原来的组合题项，将测量由原来强调“个体—工作”关系转向着重“个体—组织”关系，本研究认为将其用于测量组织嵌入是合适的，该量表共 7 个题项，Cronbach α 系数为 0.88。具体题项如表 4-9 所示。

表 4-9 组织嵌入度测量题项

编号	题项	来源
QR1	我对组织的依附感很强	Crossley，Bennett，Jex，et al.（2007）
QR2	离开组织对我来说很困难	
QR3	我太陷入组织以至于难以离开	
QR4	我感到与组织不可分割	

续表

编号	题项	来源
QR5	我实在无法离开我为其工作的组织	Crossley，Bennett，Jex，et al.（2007）
QR6	对我而言离开组织很容易（R）	
QR7	我对组织的涉入程度很深	

十、人口统计变量

为识别样本的分布状况，本研究将对其进行部分人口特征的统计，主要包括企业性质（分为国有、私营、外资、合资及其他五个类别）、性别（采取虚拟变量记法，男为0，女为1）、年龄（分为20岁及以下、21~30岁、31~40岁、41~50岁、51岁及以上五级）、学历（包括高中及以下、大专、本科、硕士、博士及以上五级）、年资（分为1年以下、1~5年、6~10年、11~20年及20年以上五级）、工资水平（主要指月收入，分为1500元及以下、1501~3000元、3001~5000元、5001~10000元及10000元以上五级）及职位（分为一般员工、基层管理者、中层及其他四级）。

第二节 问卷设计

为保证测量问卷的真实性与准确性，本研究在问卷设计时重点考虑了可能存在的共同方法变异及被试的社会赞许倾向，并采取了一系列的事前控制措施，还对其进行了事后检验，以求将测量的失真度降为最低。

一、共同方法变异

共同方法变异（Common Method Variance，CMV），一般称同源偏差，是指两个变量之间所显示出的关系是由同类测量工具（如同样的数据来源或评分者、同样的测量环境、项目语境以及项目本身特征）的变异所致，而非构念之间的真实关系（Podsakoff et al.，2003；周浩、龙立荣，2004；彭台光等，2006；熊红星等，2012）。CMV 是一种系统误差，在采用问卷法的研究中广泛存在（周浩等，2004），CMV 会显著降低研究结果的可信度，因此需要利用一些手段进行控制，以降低 CMV 的影响。

CMV 的控制通常分两大类：程序控制与统计控制。顾名思义，前者是在问卷调查的设计与过程上进行合理的控制，以避免 CMV 的影响；后者则是从统计方法上进行控制与检验，以识别 CMV 的程度。本研究综合使用这两种方法，以最大程度避免 CMV 的干扰。

（1）时间隔离法。根据彭台光等（2006）的观点，避免 CMV 最佳的方法为隔离法，其中尤以来源隔离（即不同来源的配对样本）最为学者常用，但该法的实施条件比较严格，常常要求因果变量中一方为态度，另一方为行为/绩效，如若二者均为态度变量，则此法不可行。本研究中，CCB 虽名为行为变量，但从量表题项上看，测量的仍是被试的“被迫感知”，采用不同来源的配对样本未必合适。因此本研究依照彭台光等（2006）的建议，采用另一种隔离法——时间隔离，对同一批被试将自变量与因变量在不同时间分开进行测量（即不同时段的配对样本）。

（2）第三因子测试法。由于本研究所涉及的构念基本均为态度认知，属于主观易变的部分，且 T1 与 T2 所涉及的变量也仍较多，因此在每阶段的调查中均将问卷进行了统计上与设计上的控制。根据彭台光等（2006），在统计上主要是控制 CMV 的可能来源，常用方法之一为无关记号因子测试法。

（3）问卷编排法。统计上的控制有助于判定与检测 CMV 的程度，但若论降低甚至消除 CMV，仍以事前控制为佳（Podsakoff et al.，2003；彭台光等，2006）。本研究在整个问卷的设计上采用时间隔离法进行事前控制，并在 T1 与 T2 每阶段的单独测试中进行问卷编排上的控制。

二、社会赞许性

社会赞许性（Social Desirability）是影响测量准确性的另一重要因素。

社会赞许通常是指人们在对问卷或量表进行反应时，为免受批评或给人留下良好印象，常迎合社会规范而否认自己的不赞许态度，描述了这样一种现象：人们企图以文化规范所偏好的语言来描述自己的行为或态度，以博取他人的称许（吴齐殷，1996）。换言之，人们倾向于提供与社会规范一致的答案，即使这样的答案对某些特定的被试而言并非是自己的真实观点。尤其是问题具有高敏感性时，越容易招致被试的“规范性回答”。本研究由于涉及对上司的负向评价问题，因而敏感性较高，被试常常需要考虑组织中的某些因素而调整自己的回答，因而可能存在社会赞许性偏误。

因此，本研究在调查中加入了测量社会赞许的部分。吴齐殷（1996）根据马洛—克罗恩社会赞许性量表（MCSDS）修订了 7 个题项测量台湾人民意测验中的社会赞许性，取得了很好的结果，因此本研究亦采用该修正量表。

就量表的内容而言，小范围试测后发现“只要有机会，我就会占别人便宜”及“我习惯以牙还牙，而非宽恕他人”两个反向题项呈现明显高社会赞许及低区分效力（7 点量表，被试得分均在 1~2 分），因此本研究在编制问卷时将其删除，剩余 5 个题项具体如表 4-10 所示。

表 4-10 社会赞许测量题项

编号	题项	来源
ZX1	和任何人谈话时，我都是一个很好的听众	吴齐殷（1996）
ZX2	我从来不想伤害别人	
ZX3	我曾经装病以逃避某些事情（R）	
ZX4	我会勇于承认我所不知道的事情	
ZX5	我总是愿意承认自己所犯的错误	

三、问卷编排

针对以上两种主要偏差，本研究在问卷编排过程中进行了相应的控制，具体做法如下：①隐匿题项意义。目前常见的问卷一般将研究全名及构念名称告知被试，这有利于被试的知情权及研究者编码，但一个重大缺陷是容易造成随后的 CMV（彭台光等，2006），因此，本研究特意隐匿了研究目的及变量名称。②题项随机配置。若将同一变量的测量题项均排在一起，可能会增加被试的一致性动机，答案虽高度相似，却未必是真实感受（彭台光等，2006），因此本研究在设计问卷时，将各阶段问卷的所有题项（人口统计变量除外）先打乱然后随机排列，使各变量的测试题项混在一起。③设计反向题项。反向题项（Reversed Items）可以减少被试回答时的随意及潜在的一致性动机，因此本研究对缺乏反向题项的原量表进行了微调：如将不当督导的第二题中的“贬低”改为“称赞”；将 CCB 第二题改为“在公司内，加班是自愿的”。

时间隔离法的具体做法是：将整个调查采用纵向设计分两次进行，第一次调查（Time1，以下简称为 T1）主要测量自变量员工对上司不当督导的感知、中介变量上司压力与心理安全感、调节变量关系取向及工具性；第二次调查（Time2，以下简称为 T2）则对剩下的因果变量 CCB 及控制变量组织开放性、工作流动性知觉与组织嵌入进行测量，前后时间间隔 4 个月①。为减少被试对两次调查的联系，本研究将基本信息部分分割为两部分，T1 只包括性别、年龄、学历及年资四项，放在整个问卷的最后；T2 则紧随在指导语之后，共包括企业性质、工资水平及职位三项。

记号变量的具体做法是：事先在问卷内加入一个与因果变量均不相干（即毫无理论基础）的变项，作为一个记号变量（Marker Variable），若构念与此记号变量间不相关，则表示不存在 CMV 的影响，若相关，则须将之排除。但在记号变量选取时，由于明显与构念不相关的客观无关变量（如身高、体重等）会自行排除，选取与否意义不大，因此一般做法是选取理论上无关的主观评价变量。本研究即选取生活幸福感测量中的一个题项“我认为有钱就能够幸福”（记为记号变量，简称为 JH）。当构念与记号变量不相关时，可初步认为同源偏差不严重。

此外，考虑到 T1 的调查问卷涵盖了本研究所要探讨的绝大多数变量，

---

① 彭台光等（2006）认为，采用时间隔离法进行配对抽样时，间隔时间需要注意。时间过短则容易造成短期记忆效应，过长则容易受到其他外在因素的干扰。

题项数较多，为平衡及完善整个研究流程，因而将社会赞许性量表加入 T2 的调查中。

第三节 小样本预测

为预判调查问卷的信效度与测量的合理性，在正式调查之前，本研究先进行了小样本的预调查，小样本调查中包含了除社会赞许与记号变量之外其余所有本研究涉及的变量，共选择了兰州市两家餐饮连锁企业和一家物流培训企业为预调查对象（这些样本未包括在最终样本中），所有被试一律采用自填问卷方式，现场发放和回收。共发放问卷 150 份，回收 134 份，其中有效问卷 119 份，有效样本回收率为 79.3%。我们利用预调查的样本对本研究所涉及的构念进行了人口统计及信度检验。

一、小样本描述

首先对样本中的人口变量作描述性统计，主要包括被试的性别、年龄、学历及工作年限。具体结果如表 4-11 所示。

表 4-11 小样本的人口统计特征

人口统计变量	样本特征	频数（人）	百分比（%）	累计百分比（%）	总计
性别	男	69	58.0	58.0	119
	女	50	42.0	100	
年龄	25 岁以下	5	4.3	4.3	117
	26~35 岁	36	30.8	35.1	
	36~45 岁	44	37.6	72.7	
	46~55 岁	22	18.8	91.5	
	55 岁以上	10	8.5	100	

续表

人口统计变量	样本特征	频数（人）	百分比（%）	累计百分比（%）	总计
工作年限	1 年以下	4	3.4	3.4	118
	1~5 年	27	22.9	26.3	
	6~10 年	55	46.6	72.8	
	11~20 年	27	22.9	95.7	
	20 年以上	5	4.2	100	
受教育程度	高中及以下	1	0.8	0.8	119
	大专	5	4.2	5.0	
	本科	91	76.5	81.5	
	硕士	22	18.5	100	
	博士及以上	0	0	100	

结果表明，预试样本中，性别上，男性略高于女性，占 58.0%；年龄上，26~55 岁的合计为 87.2%，两端的比例较低；工作年限上，6~10 年最多，10 年以下合计为 72.9%；学历上，本科占绝大多数，为 76.5%。总体上，样本的人口特征分布未见异常，适于后续分析。

二、样本信度

信度是指量表在测量构念时所具有的一致性程度（Nunnally，1978；陈晓萍等，2008）。研究中一般采用 Cronbach α 系数来测定量表的内部一致性，数值越高，其一致性程度越高，量表信度也越好。根据 Nunnally（1978）的标准，Cronbach α 系数低于 0.35 时表明信度很低，大于 0.7 则表明信度较高，不低于 0.5 则尚可接受。本研究亦采取同样的标准。

Churchill（1979）指出，在因子分析之前应当先对“垃圾题项”进行净化，否则因子分析的维度很难被准确形成。测量小样本信度时常采用“修正后题目—总项相关系数”（Corrected Item-Total Correlation，CITC）判别与净化测量题项。CITC 是在同一变量维度下，每一题项与其他所有题项之和的相关系数，通常，如果 CITC 系数低于 0.4，除非有特别的理由，否则就应该删除。然后计算删除该题项之后的 α 系数（Cronbach Alpha if item deleted），并与整体的 α 系数进行比较，若前者更大，则可以删除该题项（刘怀伟，2003）。

本研究采取同样的做法，当题项同时满足以下两个条件时予以删除：①CITC 系数低于 0.4；②删除该题项之后 α 系数增加。预试样本的 CITC 及 Cronbach α 系数具体结果如表 4-12 所示。

表 4-12 预试样本变量的 CITC 及内部一致性

构念	题项编号	CITC 系数	删除该题后 α 系数	整体 α 系数
不当督导	BD1	0.418	0.729	0.740
	BD2	0.535	0.682	
	BD3	0.567	0.670	
	BD4	0.650	0.638	
	BD5	0.359	0.742	
CCB	QZ1	0.744	0.900	0.912
	QZ2	0.752	0.898	
	QZ3	0.818	0.884	
	QZ4	0.791	0.890	
	QZ5	0.779	0.892	
上司压力	SS1	0.624	0.856	0.870
	SS2	0.665	0.849	
	SS3	0.680	0.847	
	SS4	0.691	0.845	
心理安全	AQ1	0.709	0.832	0.866
	AQ2	0.706	0.833	
	AQ3	0.707	0.833	
	AQ4	0.713	0.831	
	AQ5	0.610	0.858	
关系取向	GX1	0.626	0.873	0.882
	GX2	0.669	0.866	
	GX3	0.700	0.860	
	GX4	0.728	0.859	
	GX5	0.759	0.850	
	GX6	0.714	0.859	
工具性	GJ1	0.746	0.838	0.876
	GJ2	0.752	0.833	
	GJ3	0.786	0.802	
	GJ4	0.626	0.856	
	GJ5	0.735	0.836	

续表

构念	题项编号	CITC 系数	删除该题后 α 系数	整体 α 系数
组织开放性	KF1	0.762	0.885	0.905
	KF2	0.832	0.873	
	KF3	0.744	0.888	
	KF4	0.745	0.888	
	KF5	0.608	0.906	
	KF6	0.750	0.886	
工作流动性知觉	LD1	0.567	0.722	0.767
	LD2	0.624	0.696	
	LD3	0.553	0.725	
	LD4	0.709	0.681	
组织嵌入	QR1	0.634	0.730	0.785
	QR2	0.582	0.743	
	QR3	0.386	0.784	
	QR4	0.401	0.777	
	QR5	0.701	0.723	
	QR6	0.508	0.758	
	QR7	0.467	0.765	

由表 4-12 中可看出，构念的绝大多数题项均达到测量标准，予以保留。仅不当督导的第五题略低于规定标准，但卢文岱（2002）认为 CITC 在 0.3 以上即可接受，考虑到不当督导量表的题项较少，删除之后恐影响全局，因而仍予以保留。此外，组织开放性的第五题删除后 α 系数略有上升，但 CITC 值 0.608 远大于 0.4，不满足条件 1，因此予以保留；另有组织嵌入的第三题 CITC 值 0.386 略低，但删除后 α 系数亦未有上升，不满足条件 2，因而亦保留。

小样本预试的结果显示本研究所涉及构念的测量量表信度均在 0.7 以上，除个别外 CITC 系数基本在 0.4 以上，可以认为量表信度良好，适合于正式调查。

第五章　数据调查与分析

本章是在前述文献的基础上，结合预试的结果，根据上文的研究设计和程序进行大样本的数据调查，并利用 SPSS16.0 及 AMOS17.0 对数据进行分析，以检验研究假设，并对结果进行分析与讨论。

第一节　大样本调查

为降低可能的样本偏差，本研究采用时间隔离法对同一批被试先后进行了两次正式调查，且使用两种方法收集数据：现场调查与电子问卷，两者基本同步进行，调查均采用 Likert5 点量表。

一、现场调查

由于随机样本难以获取，但为使获得的数据更具代表性，且为了与第二阶段进行配对，本研究主要依据关系原则与便利原则，分别从甘肃省的兰州市与嘉峪关市及宁夏回族自治区的银川市三座城市选择被调查者。为使样本具有较普遍的代表性，并考虑到样本的覆盖性和可比较性，研究者选择了不同企业性质的公司进行调查，选取兰州市一家中型汽车设备生产企业（规模约 1500 人，中外合资，以下简称 L 公司）；嘉峪关市一家巨型钢铁集团（其总规模接近4万人，国有，以下简称J公司）；银川市一家中小型食品加工企业（规模约500人，私营，以下简称Y公司），T1的调查时间在2012年8月上旬到9月下旬，为期约2个月。

在正式调查前，研究者先通过一定关系与三家公司的人力资源部门取得联系，并得到他们的协助，并在约定时间之前来到公司了解企业的整体状况，然后选定相应的部门，再根据员工号随机抽取一定数量的员工作为调查对象。为降低样本的同质性程度，研究者从企业的不同部门选取被试，最终选取L公司生产部与装配部发放问卷150份，J公司车间部与技术处发放问卷300份，Y公司采购部与销售部发放50份，分别现场回收142份、276份及43份，共计发放问卷500份，回收问卷461份，样本回收率为92.2%，然后按照员工编号进行装订、封存，在数据录入时，根据如下标准进行排除：①选择“不确定”超过一半的；②同一部门中问卷答案明显雷同的；③与反向题项前后矛盾的；④空白超过一半的；⑤答案呈明显规律性的，如选择同一得分，答案成“Z”形等。T1最终获得有效样本437份，有效样本率为94.8%。

T2的调查在约4个月后，即2012年12月初到2013年1月初，为期约1个月。研究者同样先与企业的人力资源部联系，由于需要与第一次的数据配对，因此在第一次调查时已被剔除的数据便是无效的，因此此次只需按第一次中有效样本的员工编号进行调查，因人员变动造成47名被试流失（其中转岗9人，离职14人，出差8人，请假16人），共发放问卷390份，回收问卷376份，其中有效样本366份，样本回收率及有效率分别为96.4%和93.8%，因而得到成功配对的有效样本366份。

现场调查整个过程中，研究者均在每家企业现场对问卷进行详细指导和控制，主要是进行一些必要的事前准备及消除被试的顾虑：①问卷发放前准备一张名册，上面将被试的员工编号转换为只有研究者知道的代码，并将代码标注在首页问卷背面的左上角；②告知被试调查只用于学术研究，不作其他用途；③告知被试问卷填答是不记名的，除研究者本人外，任何其他人或机构均无法接触到问卷；④告知被试数据一经录入（电脑），原始问卷即被销毁；⑤向被试解释问卷各部分之间是独立无关的，以减小被试的填答偏差；⑥对被试的疑问予以现场解答。

二、调电子问卷

调查时间基本与现场调查同步，也同样采用便利抽样的方式。T1 阶段，2012 年 8 月初，研究者通过 E-mail 将电子问卷发送给 80 位同学、朋友或同事，并请他们尽可能多地转发给在企业工作的同学、朋友和同事，最后将填写完的问卷尽可能于 2012 年 9 月底之前统一回邮给研究者，历时约 2 个月。最终回收问卷 355 份，剔除无效问卷 24 份后，得到有效问卷 331 份，回收样本有效率为 93.2%。

T2 的调查也于 2012 年 12 月初开始，由于 T1 得到的有效问卷是被试直接回邮给研究者本人的，因此 T2 便由研究者直接与被试进行沟通，发放问卷 331 份，要求尽量于 2013 年 3 月初之前返回，截至 2 月底共返回问卷 213 份，其中有效问卷 205 份，问卷回收率与有效率分别为 64.4%与 61.9%，因而得到成功配对的样本 205 份。

至此，现场调查 T1 与 T2 成功配对的有效样本 366 份，电子问卷两时段成功配对的样本 205 份，两种方式的调查共获得配对样本 571 份，将用于接下来的样本分析及假设检验。

第二节　描述性统计分析

因为本研究要探讨的是从事一般工作的员工，在面对上司的不当督导时对 CCB 的反应，因而并未对相应的人口统计变量做特殊限定。本研究中，样本的人口统计学变量包括企业性质、性别、年龄、学历、年资、工资水平及职位，其分布如表 5-1 所示。

表 5-1 正式样本的描述性统计（N = 571）

人口统计变量	样本特征	频数（人）	百分比（%）	累计百分比（%）	有效样本总计（人）
企业性质	国有企业	233	41.8	41.8	567
	私营企业	104	18.7	60.5	
	外资企业	78	14.0	74.5	
	合资企业	111	19.9	94.4	
	其他	31	5.6	100	
性别	男	301	53.3	53.3	565
	女	264	46.7	100	
年龄	20 岁及以下	31	5.6	5.6	548
	21~30 岁	142	25.9	31.5	
	31~40 岁	226	41.2	72.7	
	41~50 岁	98	17.9	90.6	
	51 岁及以上	51	9.4	100	
工作年限	1 年以下	53	9.5	9.5	559
	1~5 年	189	33.8	43.3	
	6~10 年	207	37.0	80.3	
	11~20 年	82	14.7	95.0	
	20 年以上	28	5.0	100	
受教育程度	高中及以下	51	9.2	9.2	557
	大专	140	25.1	34.3	
	本科	281	50.4	84.7	
	硕士	70	12.6	97.3	
	博士及以上	15	2.7	100	
月收入	1500 元以下	34	7.0	7.0	560
	1501~3000 元	204	36.4	43.4	
	3001~5000 元	189	33.8	87.2	
	5001~10000 元	88	17.5	94.7	
	10000 元以上	30	5.3	100	
职位	一般员工	42	77.3	77.3	555
	基层管理者	83	15.0	92.3	
	中层管理者	31	5.6	97.9	
	其他	12	2.1	100	

从表 5-1 结果可知，在企业性质上，以国有企业最多，占总样本的 41.5%，私营与合资企业比例接近，外资及其他类型企业占少数，这与样

本企业的规模和抽样分布基本相符；在性别上，样本的偏离并不明显，男性较多，占 53.3%，这可能与样本的行业分布有关（多在加工、制造等行业）；在年龄上，以 31~40 岁居多，占 41.2%，且 21~50 岁合计约占 85%，20 岁以下及 50 岁以上均为极少数；年资上，1~10 年合计为 70.8%，20 年以上最少，只有 5.0%；在学历上，本科最多，超过一半（50.4%），其次为大专（25.1%），将其与企业性质、年龄及年资对比后发现，大专学历中国企、40 岁以上及工作 10 年以上的居多，这可能是老国企中有一部分老资格的员工；月收入上，3000 元以下最多（43.4%），5000 元以上的仅为 22.8%，收入差距比较明显；职位上，一般员工接近 80%（77.3%）。整体上看，样本的分布未见异常，适合于数据分析。

第三节 方差分析

为比较每个变量在人口统计特征上是否存在显著差异，本研究对样本的均值差异进行了统计分析，除年龄为两组（男和女）以外，其他人口特征均在两组以上，因此对年龄采用独立样本 T 检验（两组），其他则均为单因素方差分析（两组以上）。方差分析时先对方差的齐性进行检验，当方差齐性（显著性水平 Sig > 0.05）时，采用 T 检验中的 LSD 法判断差异的显著性；当方差不齐性时（Sig < 0.05），则采用 Tamhane 法判断（马庆国，2003）。具体统计分析结果如表 5-2 所示。

由表 5-2 结果可以看出，不同企业类型在不当督导、CCB、心理安全及上司压力上均有显著差异，且依据上述原则采用相应方法分析后发现：不当督导、CCB 及上司压力均以私营企业为高；心理安全则是国有企业较高。性别上，只在工作流动性感知上存在显著差异，男性对能够找到其他工作的信心高于女性。年龄上则在上司压力、关系取向及工作流动性感知

表 5-2 人口特征的 T 检验与方差分析结果（N = 571）

变量	企业性质		性别		年龄		年资		学历		收入		职位	
	均值差异（MD）	方差齐性（VE）	MD	VE	MD	VE	MD	VE	MD	VE	MD	VE	MD	VE
督导	3.954*	0.423	1.410	0.483	0.619	0.299	1.187	0.774	0.703	0.769	1.477	0.452	1.770	0.171
CCB	4.235*	0.573	0.833	0.233	2.158	0.072	1.875	0.003	1.539	0.265	1.034	0.793	1.955	0.073
安全	3.994*	0.199	0.245	0.710	1.472	0.262	4.640**	0.211	5.026**	0.543	0.891	0.236	0.654	0.338
上司	4.022*	0.358	0.391	0.086	4.096**	0.234	0.744	0.952	0.399	0.262	2.037	0.709	4.552*	0.420
关系	0.057	0.267	1.701	0.016	3.005*	0.026	0.085	0.963	1.128	0.731	0.839	0.638	4.499*	0.562
工具	3.584	0.261	2.204	0.097	1.439	0.228	0.485	0.309	0.487	0.494	1.266	0.154	2.072	0.442
开放	0.577	0.083	0.776	0.432	1.819	0.156	0.809	0.625	1.521	0.537	0.810	0.090	0.880	0.730
流动	0.170	0.200	4.130*	0.564	3.476**	0.366	3.216*	0.958	0.940	0.650	0.225	0.244	0.920	0.803
嵌入	0.388	0.069	0.309	0.042	1.161	0.064	0.925	0.502	0.882	0.226	3.409*	0.031	0.172	0.706

注：①变量一栏为构念简称，均值差异一栏的数据是 F 值，方差齐性一栏则为显著性水平。

②由于本研究涉及变量较多，方差齐性的 LSD 及 Tamhane 判断较为烦琐，因而略去检验的结果列表。

上存在差异，前两者以 50 岁以上员工为高，后者则以其最低。年资上，心理安全及工作流动性感知均有差异，分别以 20 年以上与 10~20 年组为高。学历上，只在心理安全上有差异，硕士组及硕士以上二组高于他组，但此二组无差异。收入上，只在组织嵌入度上有差异，5000 元以上的两组高于他组，但此二组差异亦不显著。职位上，在上司压力与关系取向上有差异，二者均以中层管理者为高。

第四节 信效度分析

一、信度分析

样本的信度同样采用 Cronbach α 系数来识别，将全部 571 份数据用于检验，经 SPSS16.0 处理，各构念的内部一致性如表 5-3 所示，所有构念均大于 0.7（最低为工作流动性的 0.74），说明变量信度较高，符合心理学测量要求。

表 5-3 变量的内部一致性系数（N = 571）

构念	督导	CCB	安全	上司	关系	工具	开放	流动	嵌入	赞许
题数	5	5	5	4	6	5	6	4	7	5
α 系数	0.76	0.87	0.84	0.86	0.86	0.87	0.88	0.74	0.78	0.82

注：第一行第二列开始的题头为各变量的简写，如无特殊说明，下同。

二、效度检验

效度是指量表所测量的在多大程度上确是所欲测量的构念（陈晓萍等，2008）。研究中通常检验构念的内容效度与构念效度，本研究亦如此。

（一）内容效度

内容效度（Content Validity）是指量表的测量题项是否足以涵盖构念的全部内容（巴比，2009；陈晓萍等，2008）。一般来讲，对构念的内容效度的评价多采用定性方法，由专家评判构念的属性、边界、维度等。本研究使用三种方法来确保构念的内容效度。

（1）在量表选取时，尽量选用学者开发的信效度较高的成熟量表，并经其他学者多次检验具有良好信效度，且经过中国学者检验其在华人组织情境下的适用性。

（2）在量表翻译过程中，由翻译小组进行座谈，对每个量表从以下三个方面进行了深入的探讨：题项与构念之间是否适当相关；题项是否涵盖了构念的理论边界；题项的分配比例是否与构念中各个成分（维度）的重要性相合。

（3）在确定量表之后，先对其进行了小样本预试，并在此基础上对量表进行修订与正式使用。因此可以认为，本研究所用量表具有较高的内容效度。

（二）构念效度

构念效度（Coustruct Validity）指测验能测量理论的概念或特质的程度（陈晓萍等，2008）。为了判别实际数据的维度是否与由理论得来的概念性维度相符，本研究欲分别用探索性因子分析（Exploratory Factor Analysis，EFA）与验证性因子分析（Confirmatory Factor Analysis，CFA）进行。

本研究将全部 571 份问卷随机分成两半①，分别用于进行 EFA 和 CFA。根据 Tabachnick 和 Fidell（2007）的观点，因子分析时样本量在 200 份以上较好（吴明隆，2009），Bentler 和 Chou（1987）也认为，每个测量题项应不少于 5 个样本，本研究 10 个变量共计 52 个题项，分半后的样本量约为 285 份，满足标准。前一半 285 份样本通过 SPPS 16.0 做 EFA，后一半 286 份样本通过 AMOS17.0 做 CFA，全部 571 份样本用于验证假设。

1. EFA 检验

首先使用 EFA 检验样本的因素效度，EFA 是用来探索构念是由几个维度构成的，采用方法一般为主成分分析与方差最大正交旋转来判断构念的维度构成及载荷，本研究也运用这两种方法。

根据 Churchill（1979）的观点，本研究在小样本预试时便已计算了各变量题项的 CITC 值，除不当督导第五题之外，其余题项均无须净化，因此先对不当督导进行 CITC 分析。结果表明，每一题项的 CITC 值均在 0.4 以上，且删除后均不会提高整体信度，因此可认为不存在“垃圾题项”，因子分析亦不会产生多余维度，如表 5-4 所示。

表 5-4 不当督导的 CITC 分析（N = 285）

构念	题项	CITC	删除后的 α 系数	整体 α 系数
不当督导	PH1	0.484	0.737	0.763
	PH2	0.484	0.737	
	PH3	0.578	0.703	
	PH4	0.663	0.670	
	PH5	0.454	0.745	

① 实际操作时，随机分类会有一定不便，因此一般的做法是按样本编号的奇偶对分，本研究即如此。

在因子分析之前，先须对各构念进行 KMO 判定及 Bartlett 球形检验，以识别构念是否适合做因子分析。一般地，当 KMO 值不低于 0.5 时，即可认为适合进行因子分析（Kaiser，1974）。结果显示，10 个构念的整体 KMO 值为 0.81，每个构念单独的 KMO 值均在 0.5 以上（除工作流动性为 0.69 外，其余均大于 0.7）且通过 Bartlett 球形检验（见表 5-5），说明母群体的相关矩阵中有共同因素存在，适合进行因子分析。

表 5-5　构念的 EFA 结果（N = 285）

构念	题项	因子载荷	KMO	Bartlett 检验	特征根	累计解释方差（%）
不当督导	PH1	0.68	0.75	0.000	2.58	51.59
	PH2	0.68				
	PH3	0.76				
	PH4	0.82				
	PH5	0.64				
CCB	QZ1	0.77	0.79	0.000	3.28	65.63
	QZ2	0.82				
	QZ3	0.84				
	QZ4	0.85				
	QZ5	0.78				
上司压力	SS1	0.70	0.84	0.000	3.38	56.23
	SS2	0.80				
	SS3	0.73				
	SS4	0.67				
心理安全感	AQ1	0.79	0.81	0.000	3.10	61.40
	AQ2	0.82				
	AQ3	0.77				
	AQ4	0.79				
	AQ5	0.75				
关系取向	GX1	0.67	0.85	0.000	3.60	59.97
	GX2	0.78				
	GX3	0.82				
	GX4	0.80				
	GX5	0.81				
	GX6	0.76				

续表

构念	题项	因子载荷	KMO	Bartlett 检验	特征根	累计解释方差（%）
工具性	GJ1	0.89	0.74	0.000	4.37	78.84
	GJ2	0.88				
	GJ3	0.90				
	GJ4	0.65				
	GJ5	0.75				
组织开放性	KF1	0.88	0.87	0.000	4.15	69.13
	KF2	0.84				
	KF3	0.85				
	KF4	0.79				
	KF5	0.82				
	KF6	0.81				
工作流动性	LD1	0.88	0.69	0.000	1.55	77.66
	LD2	0.83				
	LD3	0.72				
	LD4	0.64				
组织嵌入	QR1	0.74	0.88	0.000	4.20	59.40
	QR2	0.92				
	QR3	0.76				
	QR4	0.82				
	QR5	0.79				
	QR6	0.75				
	QR7	0.76				
社会赞许性	ZX1	0.83	0.84	0.000	2.92	58.39
	ZX2	0.67				
	ZX3	0.78				
	ZX4	0.79				
	ZX5	0.75				

由表 5-5 可知，各构念的维度均与量表的理论维度一致，所有构念均为单维度，且各构念的因子载荷值均在 0.5 以上（最低为 0.64，最高为 0.92），累计解释方差均高于 50%，说明提取的因子可以解释大部分方差。

2. CFA 检验

本研究使用 AMOS17.0 对构念进行 CFA 分析，以检查每个构念的聚合效度（Covergent Validity）与判别效度（Discriminant Validity）。结果如表 5-6 所示。

表 5-6 构念的 CFA 结果及拟合优度（N = 286）

构念	题项	标准载荷	CR	AVE	χ^2/df	CFI	IFI	NNFI	RMSEA
不当督导	PH1	0.57	0.83	0.50	3.14	0.91	0.93	0.89	0.084
	PH2	0.63							
	PH3	0.66							
	PH4	0.80							
	PH5	0.84							
CCB	QZ1	0.65	0.87	0.57	2.31	0.93	0.94	0.91	0.077
	QZ2	0.71							
	QZ3	0.82							
	QZ4	0.83							
	QZ5	0.75							
上司压力	JS1	0.75	0.86	0.62	3.58	0.92	0.92	0.89	0.091
	JS2	0.85							
	JS3	0.83							
	JS4	0.80							
心理安全感	AQ1	0.72	0.84	0.52	3.05	0.97	0.97	0.94	0.078
	AQ2	0.78							
	AQ3	0.70							
	AQ4	0.72							
	AQ5	0.68							
关系取向	GX1	0.58	0.86	0.52	1.10	0.99	0.99	0.98	0.022
	GX2	0.71							
	GX3	0.77							
	GX4	0.77							
	GX5	0.78							
	GX6	0.69							
工具性	GJ1	0.82	0.90	0.65	2.39	0.97	0.98	0.94	0.048
	GJ2	0.80							
	GJ3	0.86							
	GJ4	0.81							
	GJ5	0.73							

续表

构念	题项	标准载荷	CR	AVE	χ^2/df	CFI	IFI	NNFI	RMSEA
组织开放性	KF1	0.80	0.88	0.54	2.58	0.97	0.97	0.93	0.064
	KF2	0.78							
	KF3	0.79							
	KF4	0.66							
	KF5	0.67							
	KF6	0.71							
工作流动性	LD1	0.81	0.80	0.51	2.82	0.95	0.92	0.89	0.076
	LD2	0.77							
	LD3	0.66							
	LD4	0.59							
组织嵌入	QR1	0.47	0.82	0.40	2.66	0.91	0.93	0.91	0.061
	QR2	0.56							
	QR3	0.51							
	QR4	0.66							
	QR5	0.72							
	QR6	0.67							
	QR7	0.78							

本研究选取常见的 χ^2/df、CFI、IFI、NNFI 及 RMSEA 等指标来判断拟合优度。根据吴明隆（2009），χ^2/df 在 1~3 较好，但 Hu 和 Bentler（1998）则将临界标准定为 4；CFI、IFI、NNFI 则大于 0.9 较好（Hu & Bentler，1999）；MacCallum 等（1996）将 RMSEA 的临界标准定为小于 0.1 即可。先对整体模型进行拟合，各拟合优度均较好：χ^2/df = 1.57，CFI = 0.96，GFI = 0.91，IFI = 0.96，NNFI = 0.95，RMSEA = 0.054。且由表 5-6 可知，各构念的 χ^2/df 均在 4 以下，个别构念的 NNFI 值虽略低于 0.9（最低为 0.89），但亦十分接近，其余 CFI 与 IFI 均在 0.9 以上，RMSEA 也均小于 0.1，整体而言，各构念的拟合优度均在可接受范围之内。

潜变量信效度的评价，Bogozzi 和 Yi（1988）认为，因子载荷值大于 0.7，组合信度（CR）大于 0.6，平均方差提取量（AVE）大于 0.5 时，是较好的。本研究各构念的组合信度都很高，均在 0.8 以上，且大多数构念的因子载荷均在 0.7 以上，说明各构念的聚合效度较高。根据 Fornell 和

Larcher（1981）的建议，可以通过比较 AVE 与潜变量的相关系数矩阵来评估判别效度，如表 5-6 及表 5-9 所示，除组织嵌入 AVE 为 0.4 略低于 0.5 之外，其余构念的 AVE 值均在 0.5 以上，AVE 的平方根明显高于各构念的相关系数，因此可以认为构念的判别效度较高。

第五节 样本的偏差检验

理论上说，因为本研究采用隔离法进行配对取样，同源偏差的威胁可以不考虑。但为判断每一时段中其他无关因素对数据质量的干扰，在验证假设之前，本研究仍先对调查过程中可能存在的同源偏差及社会赞许偏差进行了检验。

一、社会赞许偏差

个人社会赞许性的高低会严重影响问卷的有效性，因此常对问卷做赞许性检验。实际研究中一般采用一种简便可行的方法判断被试社会赞许性效应的大小。叶明华和杨国枢（1993）在开发量表时即检验了社会赞许的程度，其做法是：将问卷的每个题项与社会赞许性构念做相关分析，相关系数反映被试社会赞许性的高低，若某一题项与之不相关或相关系数低于 0.2，则认为该题项不存在赞许性偏见，反之若大于 0.2，则认为赞许程度较高，对该题项进行删除。本研究亦借鉴此种方法，检验每个构念与社会赞许的相关性，并以 0.2 为临界来判断偏差程度，如表 5-7 所示。

表 5-7 构念与社会赞许及记号变量的相关

构念	督导	CCB	安全	上司	关系	工具	开放	流动	嵌入
$C_{赞许}$	0.04	0.04	0.01	-0.01	-0.06	-0.15*	-0.04	0.13	0.01
$C_{记号}$	-0.1	-0.06	0.01	-0.08	-0.09	0.09	-0.02	0.1	-0.07

注：表中 $C_{赞许}$指与社会赞许相关；$C_{记号}$指与记号变量相关。

表 5-7 结果显示，本研究各构念与赞许性的关系结果均小于 0.2，因此可认为研究样本的社会赞许性偏见程度较低。

二、同源偏差

同源偏差过大会影响构念之间的真实关系。如前述，本研究先检验了记号变量与各测量构念之间的相关性，结果显示，所有构念均与记号变量不相关（见表 5-7），因此我们初步判断本问卷的同源偏差不严重。

接下来本研究将采用更严谨的统计控制来检验 CMV 存在与否及其程度大小。由于本研究是用单一方法（自填问卷）测量研究构念，根据 Podsakoff 等（2003）、彭台光等（2006）及熊红星等（2012）的建议，应采用单一方法潜因子法及偏相关法控制 CMV 效应。二者相比，样本量足以进行结构方程模型时，前者更优（熊红星等，2012），本研究最终样本量为 571 份，因此采用单一方法潜因子法来控制 CMV。而且，本研究的构念多涉及人们的负向态度评价，因而社会赞许性可考虑为 CMV 的主要来源（彭台光等，2006），所以我们采取已测单一方法潜因子法检验 CMV 是否存在。具体做法是：分别建构有方法潜因子的模型 M 与无方法潜因子的竞比模型 M'，前者为每个测量构念的全部题项分别载荷到各自所属的构念（包括社会赞许）上，再将所有构念的所有题项一同载荷到社会赞许这一潜变量上，社会赞许将作为方法变异的来源来考虑；后者则仅将测量各构念的题项载荷到相应的潜因子上，并不考虑方法因子（此处为社会赞许），然后比较二者的拟合指数来判断 CMV 的大小，如表 5-8 所示。

表 5-8 单一方法潜因子法模型比较结果

模型	χ^2	df	χ^2/df	CFI	GFI	IFI	NNFI	RMSEA	$\Delta\chi^2$
模型 M	2031.2	475.1	4.276	0.892	0.839	0.843	0.810	0.135	285.1
模型 M'	1746.1	452.7	3.852	0.922	0.930	0.945	0.895	0.094	N/A

注：模型 M 指存在同源方法偏差时的因子模型；模型 M'则指不存在同源方法偏差时的因子模型。

表 5-8 结果显示，当假定不存在方法因子时，模型的拟合度较理想；当考虑方法因子作为偏差来源时，模型的拟合度反而降低，且根据林文

莺、侯杰泰（1995）的标准，模型差异性显著与否主要是基于 $\Delta\chi^2$ 等，若此值大于 3.84，则表明差异显著，取拟合优度高的模型；反之如果差异不显著，则取路径简洁的模型。本研究两类模型的 $\Delta\chi^2 = 285.1$，差异显著，因此拟合度较高的无方法模型 M′更优，因此可以判定本研究对同源偏差的控制较好，同源偏差对结果的影响较小。

第六节 假设检验

通过对变量进行 Pearson 相关分析以检验各变量之间的相关性，再通过回归分析检验中介及调节效应是否存在。

一、相关性检验

在控制了同源偏差及社会赞许偏差之后，本研究对前述假设进行了检验。构念间的相关系数如表 5-9 所示。结果表明，不当督导与 CCB 及上司压力呈显著正相关（$r = 0.25$，$p < 0.01$；$r = 0.16$，$p < 0.05$）；与心理安全感及关系取向负相关（$r = -0.52$，$p < 0.01$；$r = -0.23$，$p < 0.01$）；与其他变量相关性均不显著。CCB 则与每一个变量均显著相关，其中与不当督导、上司压力及工具性显著正相关（$r = 0.25$，$p < 0.01$；$r = 0.41$，$p < 0.01$；$r = 0.18$，$p < 0.01$）；与心理安全及关系取向负相关（$r = -0.22$，$p < 0.01$；$r = -0.43$，$p < 0.01$）。值得一提的是，本研究中作为控制变量的组织开放性、工作流动性感知与组织嵌入度三个变量均与 CCB 负相关（$r = -0.27$，$p < 0.01$；$r = -0.14$，$p < 0.05$；$r = -0.15$，$p < 0.05$）。此外，心理安全感与上司压力显著负相关（$r = -0.15$，$p < 0.05$）；关系取向与工具性负相关（$r = -0.37$，$p < 0.01$）；组织开放性与工作流动性感知及组织嵌入度均正相关（$r = 0.30$，$p < 0.01$；$r = 0.35$，$p < 0.01$）。

表 5-9 变量的描述性统计及相关系数

构念	Mean	SD	1	2	3	4	5	6	7	8	9
1. 督导	3.67	0.94	(0.71)								
2. CCB	3.24	0.87	0.25**	(0.75)							
3. 安全	3.54	0.54	-0.52**	-0.22**	(0.82)						
4. 上司	3.78	0.88	0.16*	0.41**	-0.15*	(0.79)					
5. 关系	3.45	0.86	-0.23**	-0.43**	0.14*	-0.16*	(0.72)				
6. 工具	3.36	0.96	-0.08	0.18**	0.07	-0.24**	-0.37**	(0.81)			
7. 开放	3.84	0.87	-0.03	-0.27**	-0.01	-0.24**	0.19**	-0.12	(0.73)		
8. 流动	3.88	0.82	-0.08	-0.14*	0.04	0.05	-0.09	-0.02	0.30**	(0.72)	
9. 嵌入	3.56	0.81	-0.04	-0.15*	0.14*	0.19**	0.11	-0.09	0.35**	0.01	(0.63)

注：表中 Mean 表示均值；SD 表示标准差；*** 表示 $p < 0.001$，** 表示 $p < 0.01$，* 表示 $p < 0.05$；对角线处括号内为 AVE 的平方根。

综上，H1 不当督导与 CCB 正相关，H2 不当督导与上司压力正相关，H3 上司压力与 CCB 正相关，H5 不当督导与心理安全感负相关，H6 心理安全感与 CCB 负相关均成立。

二、中介效应检验

为进一步检验变量在模型中的中介作用，本研究根据 Baron 和 Kenny（1986）的建议，采用分步回归的三步法来检验。第一步检验自变量和因变量的关系，第二步检验自变量和中介变量的关系，第三步将检验自变量、中介变量及因变量的回归方程，看其系数是否显著，进而判断中介作用是否存在。

（一）上司压力的中介作用

首先检验上司压力的中介作用，结果如表 5-10 所示。模型 1、模型 2 是检验不当督导对上司压力的影响，模型 3、模型 4 检验不当督导对 CCB 的影响，模型 5 则检验中介变量的作用。根据卢文岱（2002）的观点，由于回归模型中自变量有多个，且它们之间存在适度的相关，因此我们对模型进行了多重共线性诊断（Multicollinearity Diagnostic），选用方差膨胀因子（VIF）与条件指数（CI）为指标进行联合判断。一般地，VIF 的临界值为

2，CI 的两个临界值为 15 和 30（Neter，Kutner，Nachtsheim & Wasserman，1996；彭正龙等，2011）。结果显示，不当督导与上司压力的 VIF 值分别为 1.186 和 1.165，小于 2； CI 为 13.566 和 16.993，分别小于 15 和 30，因此认为变量间的共线性并不严重。

表 5-10 上司压力中介作用的分步回归结果

变量	因变量：上司压力		因变量：CCB		
	模型 1	模型 2	模型 3	模型 4	模型 5
控制变量					
组织开放性	0.024	0.031	-0.256***	-0.252***	-0.191**
工作流动性知觉	-0.008	0.044	-0.145*	-0.115	-0.120
组织嵌入度	0.034	0.041	-0.063	-0.059	-0.063
自变量					
不当督导		0.377***		0.216**	0.172*
上司压力					0.141*
R^2	0.002	0.141	0.099	0.145	0.163
调整 R^2	-0.012	0.124	0.086	0.128	0.151
F 值	0.160	8.266***	7.431***	8.523***	9.712***
ΔR^2		0.139		0.046	0.018

模型 1 检验的是控制变量对上司压力是否存在影响，可 F 值不显著，说明控制变量对上司压力并无影响。模型 2 则检验了不当督导对上司压力的影响，结果显示，不当督导对上司压力有显著正向影响（标准化回归系数 $\beta=0.377$，$p<0.001$）。模型 3 则是检验控制变量对 CCB 的影响，F 值显著，说明整体上控制变量对 CCB 存在影响，具体地，组织开放性与工作流动性感知对 CCB 均有负向影响（$\beta=-0.256$，$p<0.001$；$\beta=-0.145$，$p<0.05$），但组织嵌入度对 CCB 影响不显著。模型 4 检验了不当督导与 CCB 的因果关系，显而易见，不当督导对 CCB 有显著正向影响（$\beta=0.216$，$p<0.01$）。模型 5 在模型 4 的基础上加入了上司压力这一中介变量，结果显示，加入上司压力后，不当督导对 CCB 的影响作用减小但仍显著（$\beta=0.172$，$p<0.05$，小于 0.216），说明上司压力的确在不当督导与 CCB 之间起部分中介作用，但该系数大于上司压力对 CCB 的回归系数（$\beta=0.141$，

$p<0.05$），这说明中介效应的作用不及直接效应大。因此，H4 得到验证。

（二）心理安全感的中介作用

遵循与以上同样的步骤，心理安全感的中介作用回归结果如表 5-11 所示。同样地，模型 1、模型 2 是检验不当督导对心理安全感的影响，模型 3、模型 4 检验不当督导对 CCB 的影响，模型 5 则检验心理安全感是否具有中介作用。共线性检验的结果表明变量的 VIF 值介于 1~1.2，亦小于 2；CI 值介于 12~14，小于 15，因此可认为共线性较低。

由模型 1 可知，控制变量对心理安全感存在影响（$F=5.307$，$p<0.01$），具体为组织开放性对心理安全感有正向作用（$\beta=0.199$，$p<0.01$），其他控制变量则无影响。模型 2 表明不当督导对心理安全感有显著负向影响（$\beta=-0.154$，$p<0.05$）。模型 3、模型 4 与表 5-10 中结果相同，模型 5 加入心理安全感之后，不当督导的消失作用（$\beta=0.105$，$p>0.05$）说明心理安全感在不当督导—CCB 的关系中起完全中介作用。ΔR^2 表明中介效应比直接效应多解释了 19.1%的方差（详见表 5-11）。因此，H7 得到验证。

表 5-11　心理安全感中介作用的分步回归结果

变量	因变量：心理安全感		因变量：CCB		
	模型 1	模型 2	模型 3	模型 4	模型 5
控制变量					
组织开放性	0.199**	0.196**	−0.256***	−0.252***	−0.150*
工作流动性知觉	0.055	0.033	−0.145*	−0.115	−0.098
组织嵌入度	0.120	0.117	−0.063	−0.059	0.001
自变量					
不当督导		−0.154*		0.216**	0.105
心理安全感					−0.420***
R^2	0.073	0.096	0.099	0.145	0.336
调整 R^2	0.059	0.078	0.086	0.128	0.324
F 值	5.307**	5.353***	7.431***	8.523***	21.176***
ΔR^2		0.023		0.046	0.191

（三）双中介模型比较

为比较单中介与双中介的解释效应，本研究根据变量间的理论关系设定了几类竞比模型，且以双中介模型作为基准模型，以比较它们的效应大小。同前述构建方法模型判别同源偏差时一样，依然依据 $\Delta\chi^2$ 及 Δdf 对模型优劣进行比较，再根据差异显著与否取舍相应的模型。竞比模型有三类：主效应模型、上司压力的单中介模型及心理安全感的单中介模型，为使结果更精确，每个模型均加入了前述控制变量。结果如表 5-12 所示。

表 5-12　中介效应模型的比较结果

模型	χ^2	df	χ^2/df	CFI	NNFI	IFI	RMSEA	$\Delta\chi^2$
直接效应模型	553.104	271	2.041	0.983	0.958	0.960	0.071	
单中介模型 A	727.786	399	1.824	0.987	0.984	0.948	0.063	174.682
单中介模型 B	738.919	428	1.726	0.981	0.862	0.942	0.061	11.133
双中介模型	942.936	586	1.609	0.984	0.969	0.949	0.055	204.017

注：直接效应模型：自变量不当督导对因变量 CCB 的直接路径模型。单中介模型 A：不当督导—上司压力—CCB 的路径模型。单中介模型 B：不当督导—心理安全感—CCB 的路径模型。双中介模型：不当督导—上司压力+心理安全感—CCB 的路径模型。

效应模型是用来测定效应路径的拟合优度，根据吴明隆（2009）的建议，χ^2/df 介于 1~3，RMSEA 低于 0.08 时表明模型高度适配，表 5-12 表明，每个模型的适配度都很高，且以心理安全感为中介的模型优于上司压力的单中介模型，后者又优于直接路径模型，但以心理安全感与上司压力同为中介的模型优于所有其他三类模型。模型间 $\Delta\chi^2$ 也均显著，因此取拟合优度最佳的双中介模型。图 5-1 为修正后的基准模型。

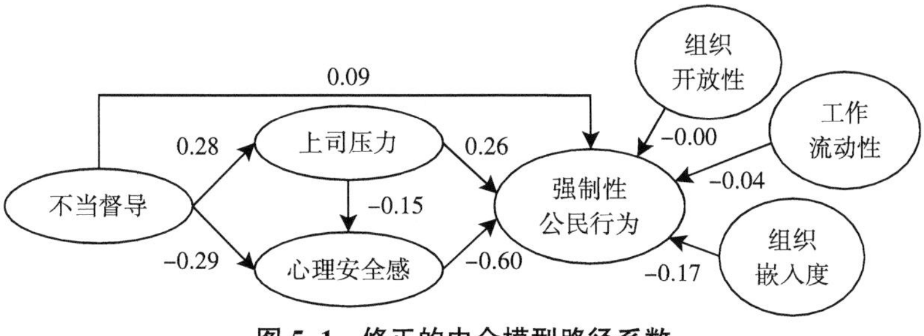

图 5-1　修正的中介模型路径系数

由图 5-1 的结果可以看出，上司压力与心理安全感均在不当督导与 CCB 关系中起中介作用。此外，上司压力对心理安全感的作用路径也是存在的，表明上司压力对员工心理安全感也存在显著负影响。

三、调节作用检验

为了进一步检验关系取向和工具性的调节作用，依照 Aiken 和 West (1991) 的建议，采用分层回归的方法进行检验，本研究共使用四个模型分析样本数据。模型 1 检验控制变量是否对因变量有影响，模型 2 检验自变量的效应，模型 3 增加了调节变量，模型 4 在模型 3 基础上则增加了自变量和调节变量的交互作用。

（一）关系取向的调节作用

为了检验自变量和调节变量的交互作用，本研究在分析前对参与模型统计的变量做了均值中心化处理，这会减小回归模型中的多重共线性问题（但并不改变变量的标准差）。回归结果如表 5-13 所示，其中模型 1、模型 2 为共有模型，分别检验控制变量与自变量对 CCB 的影响；模型 3、模型 4 在前述模型之上分别增加关系取向及关系取向与不当督导的交互项，以检验关系取向的调节作用。共线性检验的结果表明变量的 VIF 值介于 1.5~1.6，亦小于 2；CI 值亦分别低于 15 和 30，因此可认为共线性不严重。

表 5-13 调节作用的分层回归结果

	模型 1	模型 2	模型 3	模型 4	模型 3′	模型 4′
控制变量						
组织开放性	-0.256^{***}	-0.252^{***}	-0.186^{***}	-0.180^{***}	-0.226^{**}	-0.207^{**}
工作流动性知觉	-0.145^{*}	-0.115^{*}	-0.115^{*}	-0.111^{*}	−0.110	−0.087
组织嵌入度	−0.063	−0.059	0.064	0.055	−0.045	−0.041
自变量						
不当督导		0.216^{**}	0.233^{**}	0.032	0.252^{***}	0.080
调节变量						
关系取向			-0.491^{***}	-0.236^{*}		
工具性					0.249^{***}	0.091
交互项						
不当督导 × 关系				-0.306^{*}		
不当督导 × 工具						0.136^{*}

续表

	模型 1	模型 2	模型 3	模型 4	模型 3′	模型 4′
R^2	0.099	0.145	0.281	0.285	0.205	0.227
调整 R^2	0.086	0.128	0.262	0.267	0.185	0.204
F 值	7.431	8.523	38.341***	34.509***	10.298***	9.756***
ΔR^2		0.046	0.136	0.004	0.060	0.022

由模型 3 可以看出，关系取向对因变量 CCB 起显著的负向影响（$\beta_{关系}=-0.491$，$p<0.001$），$\Delta R^2=0.136$ 说明当关系取向也进入回归方程时，比不当督导增加了 13.6%的解释方差；模型 4 则显示交互项“不当督导 × 关系取向”是显著的（$\beta_{督导\times关系}=-0.306$，$p<0.05$，$\Delta R^2=0.004$），回归系数为负且比模型 3 又增加了方差的解释，表明关系取向在不当督导与 CCB 的正向关系中起负向调节作用，即当员工的关系取向高时，不当督导对 CCB 的影响会降低；反之则会升高。因此，H8 得到验证。

（二）工具性的调节作用

同理，模型 3′、模型 4′也在模型 1、模型 2 基础上增加工具性及工具性与不当督导的交互项以检验工具性的调节作用。共线性检验的结果表明变量的 VIF 值介于 1~1.1，亦小于 2；CI 值介于 22~25，小于 30，因此可认为共线性不足以影响研究结果。对比模型 1、模型 2、模型 3′、模型 4′的回归结果可知，工具性对 CCB 存在着显著正向作用（$\beta_{工具}=0.249$，$p<0.001$），且比主效应增加了 6%的解释方差（模型 3′）；模型 4′中不当督导与工具性的交互项同样是显著的（$\beta_{督导\times工具}=0.136$，$p<0.05$，$\Delta R^2=0.022$），回归系数为正表明在不当督导对 CCB 的影响中，工具性起正向调节作用，即对于高工具性价值倾向的员工而言，不当督导对 CCB 的作用较强；反之则较弱。H9 得到验证。

为更好地反映调节效应的作用，本研究还依据上表的回归结果绘制了调节效应图。遵照 Aiken 和 West（1991）的方法，选取调节变量的均值各加减一个标准差将样本分成高低两组：对高关系取向的员工来说，不当督导与强制性公民行为负相关（$\beta=-0.341$，$p<0.001$）；相反，对低关系取

向员工，二者负向关系亦显著（$\beta=-0.138$，$p<0.01$）；对高工具性员工而言，二者正相关（$\beta=0.403$，$p<0.001$）；对低工具性员工，二者亦正相关（$\beta=0.192$，$p<0.01$）。两个变量的调节作用分别如图 5-2、图 5-3 所示。

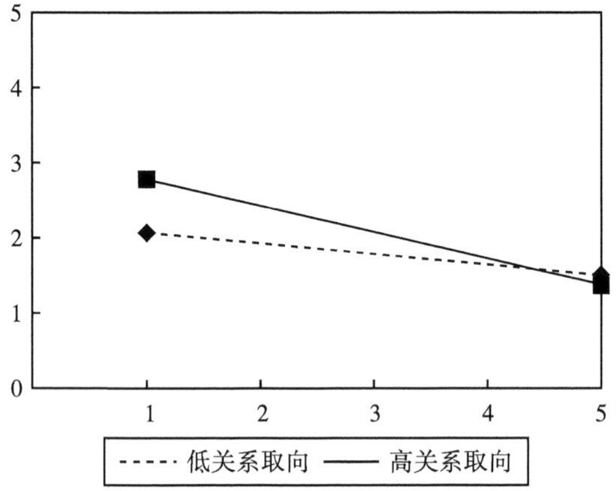

图 5-2 关系取向对不当督导—CCB 关系的调节作用

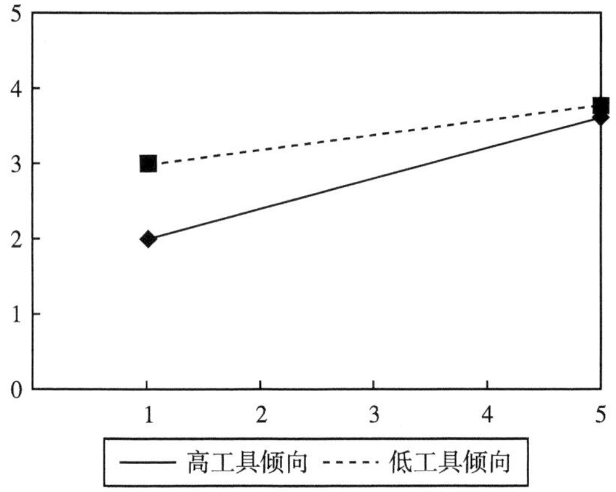

图 5-3 工具倾向对不当督导—CCB 关系的调节作用

第七节　结果分析与讨论

根据数据的分析结果，本研究的结论得到一定程度的支持，主要结果如表 5-14 所示。

表 5-14　假设检验结果总结

假设	内容	结果
H1	不当督导与 CCB 正相关	支持
H2	不当督导与上司压力正相关	支持
H3	上司压力与 CCB 正相关	支持
H4	上司压力在不当督导与 CCB 关系中起中介作用	支持
H5	不当督导与心理安全感负相关	支持
H6	心理安全感与 CCB 负相关	支持
H7	心理安全感在不当督导与 CCB 关系中起中介作用	支持
H8	关系取向在不当督导与 CCB 关系中起调节作用	支持
H9	工具性在不当督导与 CCB 关系中起调节作用	支持

一、不当督导对 CCB 的直接效应

数据结果支持了 H1，即不当督导对 CCB 的正向影响，这一结论与 Zhao 等（2013）的研究结果一致，且他们的研究中二者的相关系数为 0.14，低于本研究的 0.25。这可能与样本的选取有关，他们选取的是汽车出租服务行业，员工与组织的关系是典型的“准期货契约型”（Quasi-spot-contract）（Tsui et al.，1997），其交换往往是出于经济上的考虑——员工只需按时交纳足够的“份子”，与组织并不需要其他方面过多的接触，因此不当督导及 CCB 的感知可能较低；而本研究样本中的员工则需与管理者长期打交道，对二者的感知则可能较高。

同时，这一结果也是对 Vigoda-Gadot（2006）及万华等（2011）关于

不当督导与 CCB 理论关系的实证证明。Vigoda-Gadot（2006）根据以往学者在 OCB 领域的大量研究并结合前人对 OCB 利他假设的质疑，对 OCB 另一基础假设——自愿原则进行了详尽的论述，并在此基础上提出了 CCB 的概念及隐含假设——受外界压力而被迫表现出的 OCB（违背了自愿原则），还界定了 CCB 的性质并提出了可能的原因——CCB 是一种市场导向（Market Oriented）的行为，市场压力可能使管理者采取剥削、辱虐或强制等不当行为，这就可能形成 CCB。万华等（2011）则在此基础上更进一步，明确地提出了不当督导与 CCB 二者之间关系在理论上的可能，他们认为不当督导的三种主要形式会以不同表现形式、在不同程度上与 CCB 相连。两项研究均是理论上的逻辑框架，本研究的结果则为其提供了进一步的实证证据。

Makishi（2008）在研究展望中指出，不当督导作为 CCB 的前因变量学理在逻辑上是成立的，因此未来需要实证探讨二者间的关系，本研究亦是对其建议的一种回应。

研究结果也间接地佐证了 Zellars 等（2002）的结果：上司的不当督导会减少员工的 OCB。他们从社会交换理论出发，指出员工遭到不当对待时，会通过减少角色外行为进行“回报”，这是一种交换关系中的负向互惠。本研究的结论与之并不冲突，甚至可以说具有内在的逻辑一致性，不当督导使员工的“主动”OCB 减少，但却也增加了“被迫的”OCB（CCB）。区别可能仅在于不同的组织情境及作用机制造成结果偏重程度的差异，西方组织中，个人主义倾向较高，权力距离较低，组织对个体的束缚及个体对组织的依赖并不多，个体相对独立，因此上级的不当督导更可能使下属产生一种不公平的消极情感（Zellars et al.，2002），基于负向互惠，员工通过减少 OCB 来平衡这种消极体验；而华人组织则与之相反，集体主义倾向较高，权力距离较大，组织或上级对下属的影响较大，再加上中国人性格中的“和谐”、“中庸”等思想（黄曬莉等，2008），不当督导更容易使下属产生压力感知及安全威胁，因此更可能采取服从策略，从而表现出 CCB。但正如 Vigoda-Gadot（2006）指出的“OCB 与 CCB 虽有所不同，但恰如硬币之两面”，这种观点也许并不尽然，但在一定程度上仍是值得借鉴的。

二、心理安全感的中介效应

数据结果也支持了 H2~H4，即心理安全感在不当督导对 CCB 的正向影响中起中介作用（H4）：不当督导会降低员工的心理安全感（H2），为缓和这种不安，员工可能倾向于表现出上司强制的公民行为（H3）。这一结论与 Zhao 等（2013）的研究结果也是一致的，心理安全感也在二者关系中起完全中介作用。

现有研究表明，领导行为是对心理安全感最有效的预测变量（Edmondson，1999），但当时多关注的是正向领导行为对心理安全感的促进作用。通常认为，当领导采取灵活的、人性化的管理方式时，员工可能会认为该组织较公平地对待员工、提供通畅的晋升及发展机会，此时的工作情境有助于提高员工的心理安全知觉（May et al.，2004； 汪美伶等，2007）。依照这种逻辑，负向领导由于其行为的破坏性，并通常指向员工个体（Einarsen et al.，2007），因而可能会造成员工心理上的不公正感知或其他消极情绪（Tepper，2000），从而引发心理安全感的降低。虽然二者的关系也很明确（李锐等，2009），但当前对其所做的研究远不如正向领导那样丰富，本研究 H2 的结论则正是从不当督导这一典型负向领导着手，从实证上验证了二者的关系，丰富了相关研究的经验证据。

在结果变量的探讨上，个体的心理安全感与其工作行为密切相关（May et al.，2004），当个体知觉到心理安全时，会有较高程度的工作投入、乐于贡献新的想法、增加与他人的沟通与合作等积极的工作行为（Edmondson，1999）；相反，当员工心理安全程度较低时，不仅会降低其积极的工作态度与行为，还可能产生消极工作行为（如李锐等，2009）。本研究 H3 的结论也与之是一致的：员工在心理安全感遭受威胁时，不得不按上司要求表现 CCB。

在一般情况上，心理安全知觉被看成在组织特征和个体结果（如员工态度、动机、绩效）之间的一个中间环节（汪美伶等，2007）。一般的逻辑是：根据期望理论，假定员工的工作行为取决于其信念、预期或知觉，因而主张心理安全感会影响员工的工作态度，从而影响员工外显的工作行为（Kopelman，Brief & Guzzo，1990；汪美伶等，2007）。换言之，员工会根据其所知觉的心理安全状态，对其工作环境产生评价，继而影响工作行为。这一论点已为众多研究所确证，心理安全感在不当督导与员工行为关系间的中介作用也已被证实，如吴维库等（2012）研究发现不当督导通过降低个体的心理安全，进而减少其建言行为。但探讨心理安全在不当督导与 CCB 关系中的传导作用的研究却并不多见，Zhao 等（2013）的结果表明，不当督导并不直接对 CCB 产生影响，而是通过影响员工的心理安全感知产生间接的作用，本研究 H4 的结果也印证了上述观点，即上司的不当行为通过降低心理安全感而使员工展现 CCB。

三、上司压力的中介效应

数据的实证结果亦验证了 H5~H7，上司压力在不当督导对 CCB 的正向影响中起中介作用（H7）：上司的不当行为会给承担工作角色的员工带来巨大的压力感（H5）；面对这种压力，员工不得不履行 CCB（H6）。这一结论是万华等（2011）理论框架的实证验证，他们在其研究中提出了一个不当督导对 CCB 影响的传导作用的理论框架，但未给予实证上的检验，其原因可能在于起桥梁作用的压力感这一中介变量过于宽泛，从而导致在定义操作与实证测量上存在一定困难。本研究在一定程度上对这一不足进行了弥补，通过对文献的梳理与回顾，识别出不当督导对 CCB 的主要手段是通过将员工工作角色的模糊化与混乱化实现的，即上司通过模糊个体工作范围的边界，使其将角色外行为（OCB）作为本职工作来履行，由于这并非出于员工自身的意愿，因而是一种 CCB。

而且，对比 Zhao 等（2013）的研究可知，这是一种不同的作用机制，心理安全感是一种基于规避风险的自我保护意识（吴维库等，2012），上司压力则是一种基于领导行为的压力来源，主要涉及下属对权威的服从意愿，以权威服从理论为基础。这识别出不当督导—CCB 关系的另一条作用路径，提示管理者从不同的角度给予关注。

四、关系取向的调节作用

从数据的分析结果看，H8 得到支持，关系取向在不当督导与 CCB 的关系中起调节作用。这是一种负向调节，即对关系取向高的员工而言，不当督导对 CCB 的影响会降低。具体地，当员工遭受到上司的不当行为时，高关系取向的员工会倾向于维护良好的人际关系，因而可能被迫感知较低；反之，低关系取向的员工则被迫感知较强。

很多学者指出情境差异（尤其是文化环境的差异）可能会使组织行为有所不同（陈晓萍等，2008；徐淑英，2009；黄光国，2009），中国的儒家文化传统与西方文化不同（黄光国，2009），其组织情境中的个体行为很可能亦与之不同。出于这种考虑，本研究对不当督导与 CCB 关系的权变因素进行了探讨。

与 Zhao 等（2013）指出的权变因素（传统性）不同，关系取向不仅类似于一种人格取向或特质，更强调在交往中的互动，这与佐斌（2002）的界定是相符的。同时，它与传统性的视角也存在差别，传统性是基于个体感知到的与他人的权力距离（Farh et al.，1997），关系取向则是一种关系中心的角色界定。

五、工具性的调节作用

研究的数据检验结果也支持了 H9，工具性在不当督导与 CCB 的关系中起调节作用，与关系取向不同的是，这是一种正向调节，即高工具倾向的员工，不当督导与其感知到的 CCB 的关系较强，低工具倾向的员工则较弱。

当前与工具性相关的研究并不多，其中黄光国（1988）与杨中芳（1999）对人际交往的工具交换的阐述较具代表性。黄光国（1988）最早提出了工具性关系的交往法则，指出个体和属于工具性人际关系的其他人交往时遵循的是“公平法则”(Equity Rule)，这是一种普遍性而非个人化的法则，凡是被个体划归为工具性关系的对象，个人都会一视同仁地以同样的原则与之交往。一般来讲，工作上的人际关系是以工具性关系为主，经营者与员工之间，都是以“工具理性”的精打细算来获取自身的最大利益，这一点在华人组织中也存在（黄光国，1999）。

杨中芳（1999）指出，在每一次人际交往的场合都包含两个层面的往来，工具交换及情感交流。她从更普遍的视点对工具交换做了定义，是指双方以满足彼此交往场合的目的所进行的往来活动。在这一层面，双方以能否满足在某一场合中各自应扮演的角色及所应尽的义务，从而达到交往之目的。她认为人际关系中的工具成分，是指两人在人际交往进程的某一时间点上，在不同交往目的的场合进行工具交换层面的交往，双方满意（或不满意）彼此的表现期望的程度。

二人的研究是中国人关系背景下有关工具性的经典表述，概括而言，前者的观点可视为对工具性的狭义理解，强调类似于“工具理性”及“经济交换”意义下的目的性导向；后者则从更广泛意义上界定交换中的工具性成分，并不强调交换的利益导向，也未将工具交换视为情感交换的对立，反而视其为基础，即工具交换是交往得以维持的最低标准，情感交换是在其基础上的升华。本研究在他们的研究基础之上，将工具性看作一种心理及行为倾向，并推断这种倾向会影响个人在工作组织中的行为选择。

研究结果证实了这一观点，现有研究表明，如果员工将 OCB 视为其所追求结果的一种工具，则会更多地表现出 OCB（Hui et al.，1999）。尽管通常认为 OCB 不被组织的正式奖惩系统所承认，但实际上它与管理者评估的员工绩效密切相连（Mackenzie et al.，1991）。由于员工展现出 OCB 时可能有利于主管管理工作的进行，因此基于回报法则，主管可能给予该员工较高的评价（Mackenzie et al.，1991）；而且由于 OCB 不是组织的正式体系所要求的行为，因此相较于角色内行为更加突出（Podsakoff et al.，1993）；且刻板印象理论也认为，当员工的表现符合主管眼中的好员工标准时，主管对其的评价会更加积极。此外，因为个体在信息处理能力上的限制，通常会依据考评对象的外显行为与特征来作为绩效判断的捷径（林钲棽，2007）。正因为OCB可以带来种种有形无形的好处，因此员工可能为了晋升而利用其工具性价值。高工具性的下属由于重视从主管那里获取所需资源，若员工参与了角色外行为使其获得了额外收益，会使他们进一步体会到OCB的工具性作用，因而更可能履行CCB。

本研究的实证结果从侧面验证了上述结论，由于OCB对个人收益有潜在价值，因此，高工具倾向的员工会尽可能地利用这种价值使自己获益，即使面对不当督导，出于相应行为潜在价值的考虑，仍会履行上司要求的角色外行为（OCB）。

第六章　结论和展望

本研究在一开始就明确提出了所要探讨的三个主要问题：组织中不当督导与下属 CCB 的关系如何？其内在的作用机理是怎样的？二者之间的关系是否受组织的其他相关因素的权变影响？通过对前人研究的回顾，本研究认为不当督导对 CCB 的影响是明确的，并识别了上司压力是心理安全感之外的另一作用机制，在上述关系中也扮演中介角色，同时发现本土化的心理变量关系取向与工具倾向对不当督导—CCB 的效应起调节作用，进而构建了它们之间的理论框架，提出了相应假设并通过正式问卷调查与数据分析对其进行了统计检验。本章将在上述实证结果的基础之上对研究结论进行总结，探讨其理论意义与管理启示，同时指出研究存在的局限及未来进一步研究的方向与建议。

第一节　研究结论

一、主要结论

本研究通过对理论模型的假设与检验，对研究之初提出的三大问题进行了一定程度的探讨与回答，并得出了一些基本结论。

（1）不当督导对 CCB 有显著正向影响。最近的研究识别出了二者之间的关联，认为 CCB 存在的重要诱因之一就是组织中存在不当督导（Vigoda-Gadot，2006），但对这一结论进行直接实证检验的研究仍极少。本研究通过中国组织情境下的实证样本，检验了不当督导和 CCB 的直接关系。研究结果表明：与西方的理论推导和间接证据一致，不当督导和 CCB 之间呈显著正相关关系。Tepper（2007）的研究结果显示，不当督导与下属的 OCB 相关性为-0.14，本研究则显示不当督导与 CCB 相关系数为 0.25，这不仅直接印证了二者间的关系，也说明中国情境下二者关系更强。这可能与中国文化传统有关，中国是高集体主义国家，且权力距离较大，这就造成领导者滥用权力，过多地掌控和干涉下属；而中国员工遵从权威的倾向较强，因而不当督导更可能使员工展现出 CCB。

（2）上司压力在不当督导与 CCB 的关系中起部分中介作用。具体来讲，不当督导降低了员工对个人—组织关系的评价和感知，进而降低了员工的内部动机与积极的自我评价，因而形成感知上司压力，这种压力迫使员工在不情愿的状态下展现 OCB。自我决定理论的隐含推论倾向于认为，外部动机对立于内部动机，当内部动机减少时，外部动机则会增加，因而又使员工因外部压力而感到强烈的受迫感，从而形成 CCB。

（3）心理安全感在不当督导与 CCB 关系中起完全中介作用。不当督导造成了下属感知到上司行为对其心理安全的威胁，为平衡或减小这种威胁，即使有违自身意愿，下属也只好选择服从，展现上司要求的 OCB。心理安全感知对个体的行为选择有重要作用（Edmondson，1999），由于存在对心理安全的需求，因此，个体可能有意识地避免安全威胁，因而增加了履行 CCB 的可能。

（4）关系取向对不当督导与 CCB 的关系起负向调节作用。具体地，对关系取向高的员工而言，不当督导对 CCB 的影响会降低；反之则升高。具有不同关系取向的员工在评价其公民行为时，对领导的不当行为的评价和容忍程度往往不同。那些高关系取向的员工，降低了不当督导这种不当行为对 CCB 的正向影响，因为对高关系取向的员工而言，他们在评价 CCB

时考虑的要点是人际关系尤其是上下级关系而非个人的实际感受，这种倾向在上级出现不当行为时往往表现得更加明显，为了维持关系和谐，他们有意无意降低了对领导不当行为的消极和不满感知，这样，不当督导所带来的消极影响，经过员工隐性心理的加工和投射，也可能被人为地降低了。因此不当督导对于CCB的影响作用被高关系取向的员工降低了。

（5）工具性对不当督导与CCB的关系起正向调节作用。高工具性员工和低工具性员工在依据不当督导行为评价感知的CCB方面存在明显差异。Tolentino（2009）指出，即使同为组织中“好战士”的员工，由于OCB动机的不同和程度的差异，他们在效率和回报上也可能是不平等的。而且为了个人的职业生涯发展，员工不仅在私下里使用各种利己手段，更直接地在工作过程中向上司展示OCB等利组织的工作行为，其最重要和根本的目的不是回报组织，而是给领导留下“好战士”的印象。这种工具性行为由于涉及员工的主观意愿和利己动机，因此高工具性的员工在感知和展示OCB方面更为敏锐和有目的性，因而出于潜在利益的考虑，更可能展现CCB。

二、其他结论

（1）不当督导及CCB在组织中的存在性。本研究结果表明，在中国文化情境中，不当督导和CCB的确存在于组织中，这与西方组织情境下的研究结论是一致的（Tepper，2000；Vigoda-Gadot，2007）。作为一种负向领导行为，不当督导的危害性已为学界所共识（May et al.，2004）。但对CCB的后果仍存在一定分歧，一些学者认为非利他或非自愿的OCB对组织是不利的（Schnake，1991），但也有学者并不完全赞同，他们虽然也承认个体的OCB可能存在自利动机，但并不像Schnake（1991）那样质疑OCB的积极效果。如Podsakoff等（1993）便认为，“OCB的内在动机也许并不像人们所想象的那么重要，即使个体确是出于自利目的才显现出OCB，但就其客观的最终结果而言，OCB确确实实地出现在组织中，这在客观上对组织绩效是有利的，因此，无论员工出于何种动机，但在客观结果上，组织中终究出现了 OCB，对组织效益也终究是有利的，试图深入到个体的内在心理动机层面，不仅在操作上很困难，而且也不具有多大的实际意义”。但近期的研究逐渐显现出 CCB 的危害性（Vigoda-Gadot，2007； 彭正龙等，2011）。因此，这两种行为在组织中的存在，需引起管理者足够的重视。

（2）控制变量对 CCB 的作用。本研究在文献梳理、深度访谈及开放式调查的基础上，发现了组织开放性程度、员工的工作流动性知觉及员工的组织嵌入度也可能作用于 CCB，因而在研究模型中将它们作为控制变量。回归分析的结果也基本证实了这一理论推测，在控制变量对 CCB 影响的回归模型中，组织开放性与工作流动性知觉对 CCB 均有显著负向作用，且前者的效应（回归系数 $\beta = -0.256$，$p < 0.001$）大于后者（$\beta = -0.145$，$p < 0.05$）；但组织嵌入度的影响不显著（$\beta = -0.063$，$p > 0.05$）。

（3）变量的人口特征差异。本研究还对主要研究变量在人口特征分类上的差异进行了检验。结果表明：①不当督导上，私营企业高于其他类型企业。②CCB 上亦以私营企业为高。③心理安全感上，国有企业高于其他类型企业；年资在 20 年以上的组高于其他组；学历在硕士组及硕士以上组高于其他组，但此二组无差异。④上司压力上，企业类型以私营为高；年龄以 50 岁以上员工为高；职位则以中层管理者为高。⑤关系取向上，50 岁以上组高于其他组。⑥工具性则在本研究选取的七类人口特征上均无差异。⑦组织开放性亦无差异。⑧工作流动性感知上，男性高于女性；年龄在 50 岁以上组低于其他组；年资则以 11~20 年组为高。⑨组织嵌入度上，收入在 5000 元以上的两组高于其他组，但此二组差异亦不显著。

第二节　理论贡献

一、验证了不当督导对 CCB 的影响作用

首先，组织中 CCB 的存在性得以明确（均值为 3.24）。这一结论与 Vigoda-Gadot（2007）及彭正龙等（2011）的结论一致，且与后者的结论一样，表明中国组织情景下 CCB 的程度比西方高（3.02）。这不仅揭示了 OCB 除自利动机之外可能存在的另一阴暗面（即非自愿情感），还在一定程度上证实了 CCB 是组织中的一种普遍现象，具有相对的跨文化稳定性。

其次，OCB 本是出于员工的自主意愿，但组织中却存在大量的“被”现象，其原因何在？Makishi（2008）指出，由于 OCB 在客观结果上有促进个体工作绩效的一面，因而管理者在绩效压力下可能采取不当督导行为迫使员工履行 OCB。学界也早有学者从理论上分析出不当督导可能是引发 CCB 的重要原因（Vigoda-Gadot，2006； 彭正龙等，2010；万华等，2011），但除个别研究外，对二者关系的实证检验仍极少（Zhao et al.，2013）。本研究构建了不当督导—CCB 的理论关联，并从实证上具体印证了不当督导对 CCB 的正向影响，为 CCB 影响因素的研究提供了较早的实证证据。

二、识别出不当督导与 CCB 关系的作用机理

当前研究主要关注风险规避的心理安全视角的作用路径，本研究不仅对这一路径进行了探讨，还识别出另一路径的中介作用——权威服从视角的上司压力，并检验了双路径的作用效应，发现上述双路径的效应显著高于单路径。这在学界尚属首次。

首先，本研究表明不当督导与员工心理安全感负相关，与上司压力正

相关。西方研究已验证工作场所越轨行为的几大因素中，主管攻击对员工的态度和行为结果的不利影响是最强的，其中态度结果包括工作满意度、情感承诺和离职意向，行为结果包括人际偏差、组织越轨和工作绩效（Hershcovis & Julian，2010）。本研究则具体证实了主管的不当督导行为会降低下属的心理安全感并增加员工的上司压力，进一步深化和扩展了领导有效性领域中有关消极领导的结果变量，也增加了员工态度领域中有关心理安全感和上司压力的前因变量，为该领域贡献了新的知识。

其次，心理安全感和上司压力与 CCB 的相关性，以往只有很少学者将心理安全感与 OCB 联系起来，更鲜有上司压力与 OCB 直接关系的实证研究，本研究则为变量间关系提供了直接支持。以往上司压力研究得到广泛证实的多是离职意愿等员工退缩行为，本研究结论则说明，CCB 也可能是上司压力的重要结果变量之一，这不仅使上司压力的效标变量得到扩展，也为该领域的研究方向提供了新的可能。

最后，本研究还验证了心理安全感和上司压力对不当督导与 CCB 的中介作用。心理学上，态度对个体行为的影响有客体因素与主体因素之分，客体因素指外在因素起主要作用，主体因素则是内在因素为主导（阿伦森等，2007）。这种双重作用机制正印证了本研究的双中介路径：客体效应上，组织中的不当督导给员工造成沉重的压力感；主体效应上，员工出于心理上安全的需要——在双重的不对称感知下，员工不得不展现 CCB。这部分地为不当督导对 CCB 的影响找到了一个作用机制，将此领域的研究向前推进了一步，有利于进一步丰富 OCB 领域的理论基础。

三、探究了不当督导与 CCB 关系的权变条件

本研究关注了二者关系在什么条件下会发生变化，不仅丰富了相关领域研究的经验证据，并在此基础上有了进一步的理论发现：本研究以华人本土心理学的研究成果为依据，关注中国情景下不当督导和 CCB 的关系对不同心理取向的员工有何差异，创造性地从中国本土的儒家文化变量（关系取向与工具倾向）探索了不当督导对 CCB 影响的条件因素，这在学界亦

属首次。

（1）本研究采用关系取向这一构念考察了不当督导和 CCB 之间的反向调节作用，从本土化角度解释了关系主义的华人组织中，员工遭遇不当督导时对 CCB 的反应在何种条件下发生改变，这反映了中国组织情境下确有不同于西方的本土性传统文化因素对员工发挥重要影响，这一点应当引起管理者的重视；同时也是一次西方理论的本土化检验，为相关领域增加了新的知识和实证经验。

（2）本研究还识别出了工具性是二者关系的另一个调节变量，且作用方向与关系取向相反。现有研究多数仅从员工的利己动机角度出发，孤立地考察可能形成 OCB 的动机。我们的研究将其与领导行为结合起来，权变地考察了工具性对领导的不当行为和 CCB 关系的影响。这不仅丰富了领导行为领域的相关研究，也对 OCB 的工具动机提供了理论和经验支持，有助于更全面地把握 OCB 的形成动机。

第三节　管理建议

本研究通过检验不当督导与 CCB 的关系，及其作用机制与权变因素，希冀为组织的人力资源管理实践提供可能的启示与建议。

（1）现有研究表明，CCB 对员工的工作绩效是不利的（彭正龙等，2011），因而长远讲，也可能不利于组织效能的提升。因而，组织如欲降低对长期稳定的效能与发展的不利干扰，则须关注组织中的 CCB，降低 CCB 的程度甚至避免其产生，对其影响因素及作用机制的探讨则为这一目标的实现提供了可能。

首先，研究表明不当督导会诱发员工的 CCB，这提示组织可以通过减少主管的不当行为以降低 CCB 的发生。但在新的经济浪潮的冲击下，企业间竞争加剧，这极大地增加了组织的绩效导向，甚至引发一些管理者的不当督导行为，这也许暗示不当督导并不易消除。心理安全感和上司压力的双中介作用路径提示我们，管理者在组织中存在不当督导的情况下，通过改变个体对这两条路径的感知进而为减少员工行为的受迫感提供了可能。

其次，管理者可以采取其他适当措施提高员工的心理安全感，如管理者可经常与员工进行交流、沟通，以促进管理者—员工双方的良好理解与支持；鼓励个体团队合作，有利于形成参与型的工作氛围；管理方着力构建良性的、包容的组织氛围等，都有助于员工心理安全感的提高，进一步则可能降低他们的被迫感知。另外，可以提供一定方法降低员工的上司压力。

最后，值得注意的是，本研究结果表明心理安全感的中介效应大于上司压力，且上司压力也部分地影响员工的心理安全感，这提示我们：若在组织资源与能力有限的条件下，应该抓主要矛盾，优先采取对策提高员工的心理安全感，则有可能产生最大效果。同时，几条作用机制均有影响，这意味着，有条件时，组织最好能多管齐下，相互补充以最大限度减少CCB。

（2）有助于识别出哪些员工更可能在不当督导下产生 CCB。本研究证实了关系取向和工具性都是不当督导和 CCB 之间关系的调节变量，但二者的作用方向正好相反：关系取向起反向调节作用，工具性则起正向调节作用。因此，华人组织管理者需增强意识，不同关系取向和工具性的员工对不当督导和 CCB 的关系感知是有差异的。所以，管理者要尽可能注意到员工的关系取向高低及工具性动机强弱。一方面，低关系倾向的员工面对不当督导时更易感知到 CCB，因此领导者应通过加强沟通、进行团队协作等方式提高这部分员工对人际关系的重视，从而降低其对公民行为的受迫性感知；另一方面，高工具性的员工则更易表现出 CCB，因此领导者可以通过调整考评方式，如进行 360 度考评，让同事、上级、下属、员工自身都参与考评，并通过测定、培训等使员工形成正确的公民意识，使这部分人降低工具性动机。

第四节 研究局限及展望

一、研究局限

（1）样本方面。一是选取的目标企业并非随机性的，而是采取便利原则和关系原则；二是研究样本包含多种企业性质，由于所有制以及体制等不同，虽说样本的普遍代表性可能较高，但也导致样本同质性下降，这样，用同一量表测量某一变量时可能会产生误差。尽管抽样时采用了严格的控制与指导，统计分析的结果也表明抽样来源并不影响对研究假设的检验结果，但本研究结果的普适性仍有待其他研究进一步检验。

（2）研究变量上。首先，本研究分别单独考察了关系取向和工具性对不当督导和 CCB 的调节作用，但未考察二者同时作用时会产生怎样的影响，若二者同时作用，则可按高—低程度将员工分为四种类型，每一类员工在不当督导对 CCB 的影响上都可能表现出一定差异，这样更能清晰地辨别出不当督导和 CCB 关系的影响因素的边界条件，从而更准确、更深刻地揭示出二者关系的内涵和作用机制。而且，本研究没有直接比较关系取向和工具性对 CCB 影响作用的大小。虽然我们的研究有助于说明关系取向和工具性在不同条件下对不当督导和 CCB 的影响作用或增强或减弱，但究竟二者谁的作用更强仍然未能确定。

其次，本研究主要关注了哪些员工更可能在不当督导下产生 CCB，探讨的是员工的个体因素所起的调节作用，但在理论上，不当督导对 CCB 有预测作用，很可能也存在其他变量的影响路径，其中的分析很可能引发组织情境对二者间调节作用的思考，但本研究并未探讨这种可能的影响途径，因此也未关注组织情境作为调节的可能性。虽然将组织开放性、感知工作流动性及组织嵌入度等组织变量作为控制变量处理，但它们仅是从定性研究及理论逻辑上推演而出，虽在统计检验中得以证实，但对 CCB 的具体影响与效应大小尚待其他研究进一步地明确。

二、未来研究展望

（1）作为控制变量的组织开放性、工作流动性知觉及组织嵌入度的影响作用，虽均在相关分析及回归模型中得以验证，但这仅是统计数据上的结果，仍需符合逻辑的理论推演及更为严谨的实证检验来进一步明确。

（2）本研究虽从前期的探索性研究中识别出一些其他可能对 CCB 产生影响的因素，但经济支持、主管权力、绩效因素等并未纳入本研究的讨论范围，它们是否起作用，仍需未来研究的实证检验。

（3）本研究主要探讨的是 CCB 在组织中的存在性及其影响因素，并未关注 CCB 带来的结果，其他学者在这方面的讨论也存在分歧：如彭正龙等（2011）认为 CCB 的主要作用是消极的，它与很多员工态度和行为变量是相关的；但 Makishi（2008）研究显示，CCB 也可能有利于工作绩效，这究竟是一个悖论还是一种两面性，仍需学者的后续探讨与检验。

（4）CCB 的边界问题。无论是 CCB 的提出者 Vigoda-Gadot（2006）还是其他一些学者（彭正龙等，2011），在阐述 CCB 时均有意无意将其视作传统 OCB 的对立面，并推断 CCB 与那些和 OCB 相关的工作态度及行为变量也相关，但方向相反（如 OCB 与工作满意度正相关，则 CCB 与工作满意度负相关），这一点后来也得到了实证的检验（Vigoda-Gadot，2006），这似乎显示 CCB 并不存在边界问题，将 CCB 看作 OCB 的对立面是合适的。但事实并非如此简单，尤其当涉及一些因果关系时，问题便凸显出来。如 OCB 会增加个体工作绩效（Podsakoff et al.，2000），依照上面的逻辑，CCB 将降低员工工作绩效，但 Vigoda-Gadot（2006）也暗示，虽然 CCB 是一种被强迫的消极感知，但最终结果是使得员工表现出公民行为，在情感上是被迫的（消极的），结果上却有利于其工作产出（积极的），这显然与上面的逻辑矛盾。对 CCB 的现有界定并不能解决这种矛盾，因此，

CCB 的理论内涵与边界范围等问题，仍需做进一步探讨。

（5）印象管理在 CCB 研究中的地位问题。以往涉及印象管理的研究多是将其看作 OCB 非利他动机的体现（Penner et al.，1997； Bolino，1999a；Rious et al.，2001）或作为预测 OCB 的前因变量（Hui et al.，2000； 郭晓薇，2004；郭晓薇、李成彦，2005）进行探讨的，但无论哪一方面，二者形成的关系是一致的，即印象管理促使员工 OCB 的产生。从研究由来看，印象管理在 OCB 研究中兴起得益于学界对传统 OCB 利他动机的质疑，彭正龙、赵红丹（2010）即因而将之看作 CCB 的前因变量之一，但如前所述，传统 OCB 的两个基本假设是相对独立的，前者是从行为的动机上讲，后者则涉及行为时的自由意愿，因此，印象管理也许能够预测非利他的 OCB，但将其用之于非自愿的 OCB（即 CCB）则未必合适。因此，不仅仅是统计数据的证据，亦尚需合理的理论逻辑来探讨印象管理、CCB 及 OCB 相互间的重合与差异，以印证几者间的关系。

附　录

附录 1　访谈大纲

尊敬的先生/女士：

您好！非常感谢您能接受我的访问。

我是吉林大学商学院的博士生，目前正在做一项关于强制性公民行为的学术研究。因为从贵公司员工那里得知贵部门的某些现象可能与我们的研究有较大关联，因此邀请您做进一步了解，希望从您那里了解您是如何理解强制性公民行为的，及您对它的原因、后果的认识。访谈大概要 40~60 分钟。

另外，这次访谈仅用于学术分析，您所提供的信息绝对保密，如果将来在研究报告中需要引用您提供的资料，绝对会将人名、地名等所有个人信息隐去的，请您放心。在我们的访谈过程中，您有权随时退出，不必承担任何责任。

（1）想请问一下您工作多长时间了？

（2）我们对强制性公民行为的理解是“那些有违员工自身意愿的工作要求/行为，员工出于各种原因却不得不予以履行，但会有明显的被强迫感”。请问从您的角度和体验，怎么理解组织中的强制性公民行为？您认为什么是强制性公民行为呢？

(3) 结合您的观察和工作经验，您认为强制性公民行为通常是一种什么样的行为表现？

(4) 您能否结合个人的工作经验，介绍一些强制性公民行为的具体事件（时间、人物、过程、结果等）。

(5) 您认为，组织在什么情况下较有可能产生强制性公民行为？

(6) 您认为，什么样的人更可能产生强制性公民行为？

(7) 您认为，如果组织中存在强制性公民行为，会带来什么样的后果？

(8) 您认为，为什么会产生强制性公民行为？

(9) 您认为，当前我们可以采取哪些措施来消除或者避免强制性公民行为的不良后果？

最后，请问您一些个人信息。也请您放心，一切资料都会保密的。谢谢！

附录 2 开放性问卷

尊敬的先生/女士：

您好！非常感谢您参与此项调查！

这是一份关于强制性公民行为的学术调查问卷。调查的目的是了解人们是如何理解强制性公民行为的。

本调查以匿名方式填写，您的回答将仅仅用于学术分析，绝不会以任何形式向他人公开。请打消任何顾虑，如实、独立地写出您的真实意见。

您的宝贵意见将对本研究有着关键性的影响，特致以诚恳的感谢！

吉林大学商学院

在回答问题前，请您填写以下信息。

1. 性别：□（1）男 □（2）女

2. 单位性质：□（1）国有企业 □（2）民营企业 □（3）合资企业 □（4）外资企业 □（5）其他（请说明）

3. 教育程度：□（1）高中及以下（含职高） □（2）大专 □（3）本科 □（4）硕士 □（5）博士（含）以上

4. 工作年限：_____年

5. 年龄：_____周岁

本研究对强制性公民行为的定义是“员工感受到的来自主体、客体及（工作）环境的压力，而被迫表现出的一种非自愿性的公民行为”。

1. 请您根据上述定义，结合您的观察和工作经验，尽可能地详尽列出5条（或以上）符合强制性公民行为定义的品质或行为（如强制加班、义务坐班等）。

2. 结合您的观察和工作经验，尽可能地详尽列出5条（或以上）上述行为可能会带来的影响（对自己、同事及组织……）。

3. 结合您的观察和工作经验，尽可能地详尽列出5条（或以上）导致上述行为产生的可能原因（个人的、领导的、组织的……）。

附录3 量表小组座谈提纲

大家好，非常感谢各位专家、老师、同学百忙之中抽出时间协助我完成量表修订工作，前段时间量表的翻译—回译工作大家辛苦了，现在对试测前的量表进行最后一次讨论及修订，一直以来辛苦各位了。以下是我研究中需要进行测量的变量，请各位根据各变量的定义判断其测量题目是否足够合理，主要包括：①语言的表述有无不完整、不明确、不易理解、多重含义或其他表达/内容上的问题；②各变量对应下的题目是否明确反映了该变量的含义，如果没有，请指出当作何修订；③各变量下的题目是否能做明确区分，表达的含义有无重复、矛盾、冗余及其他问题。

（1）不当督导：下属感觉到管理者持续表现出的语言和非语言敌对行为，但不包括身体上的直接接触。

1）我的上司常常在别人面前说下属的**坏话**（**不是**）。

2）我的上司常常在别人面前贬低下属。

3）我的上司常常说下属的想法和感受是**愚蠢的**（**很蠢**）。

4）我的上司常常挖苦下属（**嘲讽**）。

5）我的上司常常说下属**很低能**（**工作能力不足**）。

（2）强制性公民行为：员工感受到的来自主体、客体及（工作）环境的压力，而被迫表现出的一种非自愿性的公民行为。

1）迫于上司的压力，我要付出额外的努力来满足其工作要求。

2）公司内有**免费**加班的习惯（**义务**）。

3）上司总是期望我在工作上**更加卖力**（**付出更多的努力**）。

4）即使不情愿，我也不得不**自觉**帮助其他同事（**义务**）。

5）即使不情愿，我也不得不**自觉**协助上司的工作（**义务**）。

（3）感知上司压力：来源于上司的命令而给下属带来的压力感。

1）单位主管很重视我的工作业务。

2）单位主管很重视我工作的执行进度。

3）**上级单位会对我的工作业务进行考核**（*删除*）。

4）**上级单位会对我工作的执行进度进行考核**（*删除*）。

5）工作上，我常被上司要求做出**不适切**的行为（**不适当**）。

6）工作上，我同事常被上司要求做出**不适切**的行为（**不适当**）。

7）**上司要求我做出不适切行为，已造成我工作上的困扰**（*删除*）。

8）**上司要求我的同事做出不适切行为，已造成他们工作上的困扰**

（*删除*）。

（4）心理安全感：组织成员能够在以无畏惧与负面情绪的状态下展现与表达自我。

1）如果在工作中犯错，经常会受到他人指责（R）。

2）我害怕在工作中表达观点（R）。

3）工作中存在一种威胁性的环境（R）。

4）向部门内其他成员请求帮助是困难的（R）。

5）我不害怕在工作中展现自己。

（5）关系取向：以关系作为核心进行角色界定并做出相应的行为反应的一种心理倾向和行为风格。

1）为了维持人际和谐，我愿意牺牲个人利益。

2）我讲话很少留意是否会得罪别人（R）。

3）我容易与人发生冲突（R）。

4）如果得不到他人的接纳，我会感到苦恼。

5）如果不能与周围人和谐相处，我会有心理压力。

6）如果几个人同时找我办事，我会根据关系亲疏排序。

（6）工具倾向：指员工为达成个人目的或获得个人利益，在特定情境所指引下，刻意展现出组织或管理者所期望的行为的倾向。

1）**我与他人进行交往，无非是为了利益交换（我为他人办事，只因能获得相应回报）**。

2）我的行为是利益导向的，我之所以如此做，无非是因为能获得实质的好处。

3）我与他人的关系是基于实质利益而来。

4）与其他人之间就应该亲兄弟明算账，我努力到什么程度要视奖励多少而定。

5）我与他人是互利关系，除非给我额外好处，否则我并不需要为他多做什么。

（7）组织开放性：组织对外交流、合作、沟通、接纳意见及合作等的程度。

1）只有很特别的人才适合公司（R）。

2）我们部门是公司中最糟的（R）。

3）管理者常为小事而计较（R）。

4）公司很少在意物理工作环境（R）。

5）公司和公司中的人是闭塞而隐秘的（R）。

6）新员工需要超过一年的时间才**会适应（渐无拘束）**（R）。

（8）感知工作流动性：员工对选择其他工作机会的可能性的感知。

1）除了目前工作之外，我还有很多工作可以选择。

2）我能够找到的工作比当前工作好得多。

3）如果我在其他地方工作，对时间的利用方式会理想得多。

4）对我而言，找到一份其他的合适工作是容易的。

（9）组织嵌入：指员工愿意留在当前组织的程度。

1）我对组织的依附感很强。

2）离开组织对我来说很困难。

3）我太陷入组织以至于难以离开。

4）我感到与组织不可分割。

5）我实在无法离开我为其工作的组织。

6）对我而言离开组织很容易（R）。

7）**我与组织紧密相连（我对组织的涉入程度很深）**。

（10）社会赞许倾向：人们在对某些问题进行回答时，为免受批评或给人留下良好印象，常迎合社会规范而隐藏自己的真实态度。

1）**只要有机会，我就会占别人便宜**（*可能有问题，暂时保留*）。

2）和任何人谈话时，我都是一个很好的听众。

3）我从来不想伤害别人。

4）我曾经装病以逃避某些事情（R）。

5）我会勇于承认我所不知道的事情。

6）我总是愿意承认自己所犯的错误。

7）我习惯以牙还牙，而非宽恕他人。

再次感谢大家一直以来对我的包容、建议及辛苦的工作，谨致谢！

【注：加粗字体为**座谈时**确定为有问题的题项，括号内粗体为**座谈后**修订的内容，斜体为说明，下同。】

附录 4　第一次小范围试测

尊敬的先生/女士：

本问卷是吉林大学商学院课题组关于行业状况的一次基本调查，本课题组向您郑重承诺，我们将秉承真实、保密的原则，您的回答将会被如实记录并只做研究使用，不会涉及您的个人隐私。只需花费您 3~5 分钟，请您根据自己的实际情况如实作答。1 表示“非常不同意”，2 表示“比较不同意”，3 表示“有点不同意”，4 表示“不确定”，5 表示“有点同意”，6 表示“比较同意”，7 表示“非常同意”。请您在前面括号内填入分值。如您觉得题目在表述或理解上存在问题，请用√或○将其标出，感谢您的配合。

（　　）**只要有机会，我就会占别人便宜**（*删除*）

（　　）和任何人谈话时，我都是一个很好的听众

（　　）我从来不想伤害别人

（　　）我曾经装病以逃避某些事情

（　　）我会勇于承认我所不知道的事情

（　　）我总是愿意承认自己所犯的错误

（　　）**我习惯以牙还牙，而非宽恕他人**（*删除*）

（　　）我对组织的依附感很强

（　　）离开组织对我来说很困难

（　　）我太陷入组织以至于难以离开

（　　）我感到与组织不可分割

（　　）我实在无法离开我为其工作的组织

（　　）对我而言离开组织很容易

（　　）我对组织的涉入程度很深

（　　）只有很特别的人才适合公司

（　　）我们部门是公司中最糟的

（　　）管理者常为小事而计较

（　　）公司很少在意物理工作环境

（　　）公司和公司中的人是闭塞而隐秘的

（　　）新员工需要超过一年的时间才渐无拘束

（　　）我的上司常常在别人面前说下属的不是

（　　）我的上司常常在别人面前贬低下属

（　　）我的上司常常说下属的想法和感受是很蠢

（　　）我的上司常常嘲讽下属

（　　）我的上司常常说下属工作能力不足

（　　）迫于上司的压力，我要付出额外的努力来满足其工作要求

（　　）公司内有义务加班的习惯

（　　）上司总是期望我在工作上付出更多的努力

（　　）即使不情愿，我也不得不义务帮助其他同事

（　　）即使不情愿，我也不得不义务协助上司的工作

（　　）单位主管很重视我的工作业务

（　　）单位主管很重视我工作的执行进度

（　　）工作上，我常被上司要求做出不适切的行为

（　　）工作上，我同事常被上司要求做出不适切的行为

（　　）我为他人办事，只因能获得相应回报

（　　）我的行为是利益导向的，我之所以如此做，无非是因为能获得实质的好处

（　　）我与他人的关系是基于实质利益而来

（　　）与其他人之间就应该亲兄弟明算账，我努力到什么程度要视奖励的多少而定

（　　）我与他人是互利关系，除非给我额外好处，否则我并不需要为他多做些什么

【注：第二次小范围试测是将此次粗体题项删除后另选对象重新进行的，附表中不再列出。】

附录 5　小样本预测试

本问卷是吉林大学商学院课题组关于企业状况的一次基本调查，本课题组向您郑重承诺，我们将秉承真实、保密的原则，您的回答将会被如实记录并只做研究使用，不会涉及您的个人隐私。只需花费您 10 分钟，请您根据自己的实际情况如实作答，感谢您的配合。

第一部分　基本信息

1. 性别：　□（1）男　□（2）女

2. 年龄：　□（1）25 岁（含）以下　□（2）26~35 岁
　□（3）36~45 岁　□（4）46~55 岁
　□（5）55 岁以上

3. 教育程度：□（1）高中及以下（含职高）　□（2）大专
　□（3）本科　□（4）硕士
　□（5）博士（含）以上

4. 工作年限：□（1）未满 1 年　□（2）1~5 年
　□（3）6~10 年　□（4）11~20 年
　□（5）20 年以上

第二部分 企业知觉

本部分旨在了解您对您所在企业的一些基本行为的感受与评价，请根据您的真实感受填写，请您在对应选项上打√或划○（1 = 非常不同意，2 = 比较不同意，3 = 不确定，4 = 比较同意，5 = 非常同意）。

1.	除了目前工作之外，我还有很多工作可以选择	1	2	3	4	5
2.	单位主管很重视我的工作业务	1	2	3	4	5
3.	单位主管很重视我工作的执行进度	1	2	3	4	5
4.	对我而言，找到一份其他的合适工作是容易的	1	2	3	4	5
5.	对我而言离开组织很容易	1	2	3	4	5
6.	工作上，我常被上司要求做出不适切的行为	1	2	3	4	5
7.	工作上，我同事常被上司要求做出不适切的行为	1	2	3	4	5
8.	工作中存在一种威胁性的环境	1	2	3	4	5
9.	公司和公司中的人是闭塞而隐秘的	1	2	3	4	5
10.	公司很少在意物理工作环境	1	2	3	4	5
11.	公司内有义务加班的习惯	1	2	3	4	5
12.	管理者常为小事而计较	1	2	3	4	5
13.	即使不情愿，我也不得不义务帮助其他同事	1	2	3	4	5
14.	即使不情愿，我也不得不义务协助上司的工作	1	2	3	4	5
15.	离开组织对我来说很困难	1	2	3	4	5
16.	迫于上司的压力，我要付出额外的努力来满足其工作要求	1	2	3	4	5
17.	如果不能与周围人和谐相处，我会有心理压力	1	2	3	4	5
18.	如果得不到他人的接纳，我会感到苦恼	1	2	3	4	5
19.	如果几个人同时找我办事，我会根据关系亲疏排序	1	2	3	4	5
20.	如果我在其他地方工作，对时间的利用方式会理想得多	1	2	3	4	5
21.	如果在工作中犯错，经常会受到他人指责	1	2	3	4	5
22.	上司总是期望我在工作上付出更多的努力	1	2	3	4	5
23.	为了维持人际和谐，我愿意牺牲个人利益	1	2	3	4	5
24.	我不害怕在工作中展现自己	1	2	3	4	5
25.	我的上司常常嘲讽下属	1	2	3	4	5
26.	我的上司常常说下属的想法和感受很蠢	1	2	3	4	5
27.	我的上司常常说下属工作能力不足	1	2	3	4	5
28.	我的上司常常在别人面前贬低下属	1	2	3	4	5
29.	我的上司常常在别人面前说下属的不是	1	2	3	4	5
30.	我的行为是利益导向的，我之所以如此做，无非是因为能获得实质的好处	1	2	3	4	5
31.	我对组织的涉入程度很深	1	2	3	4	5

续表

32.	我对组织的依附感很强	1	2	3	4	5
33.	我感到与组织不可分割	1	2	3	4	5
34.	我害怕在工作中表达观点	1	2	3	4	5
35.	我讲话很少留意是否会得罪别人	1	2	3	4	5
36.	我们部门是公司中最糟的	1	2	3	4	5
37.	我能够找到的工作比当前工作好得多	1	2	3	4	5
38.	我容易与人发生冲突	1	2	3	4	5
39.	我实在无法离开我为其工作的组织	1	2	3	4	5
40.	我太陷入组织以至于难以离开	1	2	3	4	5
41.	我为他人办事，只因能获得相应回报	1	2	3	4	5
42.	我与他人的关系是基于实质利益而来	1	2	3	4	5
43.	我与他人是互利关系，除非给我额外好处，否则我并不需要为他多做些什么	1	2	3	4	5
44.	向部门内其他成员请求帮助是困难的	1	2	3	4	5
45.	新员工需要超过一年的时间才渐无拘束	1	2	3	4	5
46.	与其他人之间就应该亲兄弟明算账，我努力到什么程度要视奖励的多少而定	1	2	3	4	5
47.	只有很特别的人才适合公司	1	2	3	4	5

感谢您的填答，您宝贵的意见将对本研究有莫大帮助。再麻烦您检查一下是否有漏答的问题。

最后祝您身体健康、万事如意！

附录 6　大样本调查（时段 1）

亲爱的朋友：

您好！

本问卷是吉林大学商学院课题组关于企业状况的一次基本调查，本课题组向您郑重承诺，我们将秉承真实、保密的原则，您的回答将会被如实记录并只做研究使用，不会涉及您的个人隐私，问卷填答是不记名的，只有研究者本人能接触到问卷，且数据一经录入（电脑），原始问卷即被销毁，因此请您安心作答。您宝贵的意见将对本研究有莫大帮助。只需花费您 10 分钟，请您根据自己的实际情况如实作答，由衷感谢您的合作与贡献。并祝您身体健康、万事如意！

如您对本调查的研究结果感兴趣，请留下您的 E-mail。

吉林大学商学院　人力资源管理系

若您收到的是电子版问卷，请将您的选择标为红色或蓝色。

【第一部分】本部分旨在了解您对您所在企业的一些基本行为的感受与评价，在这些描述中，有些是您所同意的，有些是您所不同意的。现在，请您仔细阅读下面的每一语句，并根据您的真实感受圈选 1~5 分表示您对该语句所说内容的同意程度（1 = 非常不同意，2 = 比较不同意，3 = 不确定，4 = 比较同意，5 = 非常同意）。

1.	我害怕在工作中表达观点	1	2	3	4	5
2.	工作上，我常被上司要求做出不适切的行为	1	2	3	4	5
3.	我的上司常常在别人面前说下属的不是	1	2	3	4	5
4.	为了维持人际和谐，我愿意牺牲个人利益	1	2	3	4	5
5.	如果得不到他人的接纳，我会感到苦恼	1	2	3	4	5
6.	我与他人的关系是基于实质利益而来	1	2	3	4	5
7.	我的上司常常在别人面前贬低下属	1	2	3	4	5
8.	工作中存在一种威胁性的环境	1	2	3	4	5
9.	如果几个人同时找我办事，我会根据关系亲疏排序	1	2	3	4	5
10.	我的行为是利益导向的，我之所以如此做，无非是因为能获得实质的好处	1	2	3	4	5
11.	向部门内其他成员请求帮助是困难的	1	2	3	4	5
12.	我的上司常常说下属的想法和感受很蠢	1	2	3	4	5
13.	与其他人之间就应该亲兄弟明算账，我努力到什么程度要视奖励的多少而定	1	2	3	4	5
14.	我不害怕在工作中展现自己	1	2	3	4	5
15.	工作上，我同事常被上司要求做出不适切的行为	1	2	3	4	5
16.	单位主管很重视我的工作业务	1	2	3	4	5
17.	我讲话很少留意是否会得罪别人	1	2	3	4	5
18.	我的上司常常嘲讽下属	1	2	3	4	5

续表

19.	我为他人办事，只因能获得相应回报	1	2	3	4	5
20.	如果在工作中犯错，经常会受到他人指责	1	2	3	4	5
21.	如果不能与周围人和谐相处，我会有心理压力	1	2	3	4	5
22.	单位主管很重视我工作的执行进度	1	2	3	4	5
23.	我容易与人发生冲突	1	2	3	4	5
24.	我的上司常常说下属工作能力不足	1	2	3	4	5
25.	我与他人是互利关系，除非给我额外好处，否则我并不需要为他多做些什么	1	2	3	4	5

【第二部分】个人基本资料

1. 性别：　□（1）男　□（2）女

2. 年龄：　□（1）25 岁（含）以下　□（2）26~35 岁
　□（3）36~45 岁　□（4）46~55 岁
　□（5）55 岁以上

3. 教育程度：□（1）高中及以下（含职高）　□（2）大专
　□（3）本科　□（4）硕士
　□（5）博士（含）以上

4. 工作年限：□（1）未满 1 年　□（2）1~5 年
　□（3）6~10 年　□（4）11~20 年
　□（5）20 年以上

本问卷到此全部结束，感激您的辛苦填答。各位先生、女士的意见至为宝贵。最后再麻烦您检查一下是否有漏答的问题，以免形成无效问卷。再次感谢您的协助！谢谢！

附录 7 大样本调查（时段 2）

亲爱的朋友：

您好！

本问卷是吉林大学商学院课题组关于企业状况基本调查的第二阶段，本课题组向您郑重承诺，我们将秉承真实、保密的原则，您的回答将会被如实记录并只做研究使用，不会涉及您的个人隐私，问卷填答是不记名的，只有研究者本人能接触到问卷，且数据一经录入（电脑），原始问卷即被销毁，因此请您安心作答。您宝贵的意见将对本研究有莫大帮助。只需花费您 5 分钟，请您根据自己的实际情况如实作答，由衷感谢您的合作与贡献。并祝您身体健康、万事如意！

如您对本调查的研究结果感兴趣，请留下您的 E-mail。

吉林大学商学院　人力资源管理系

若您收到的是电子版问卷，请将您的选择标为红色或蓝色。

【第一部分】个人基本资料

1. 您所在企业的性质：　□（1）国有企业　□（2）私营企业　□（3）外资企业　□（4）合资企业　□（5）其他

2. 您的职位：　□（1）一般员工　□（2）基层管理者　□（3）中层管理者　□（4）其他

3. 您的月收入：　□（1）1500 元（含）以下　□（2）1501~3000 元　□（3）3001~5000 元

□（4）5001~10000 元

□（5）10001 元以上

【第二部分】本部分旨在了解您对您所在企业中的一些基本行为的感受与评价，在这些描述中，有些是您所同意的，有些是您所不同意的。现在，请您仔细阅读下面的每一语句，并根据您的真实感受圈选 1~5 分表示您对该语句所说内容的同意程度（1 = 非常不同意，2 = 比较不同意，3 = 不确定，4 = 比较同意，5 = 非常同意）。

1.	公司很少在意物理工作环境	1	2	3	4	5
2.	除了目前工作之外，我还有很多工作可以选择	1	2	3	4	5
3.	对我而言，找到一份其他的合适工作是容易的	1	2	3	4	5
4.	公司和公司中的人是闭塞而隐秘的	1	2	3	4	5
5.	管理者常为小事而计较	1	2	3	4	5
6.	和任何人谈话时，我都是一个很好的听众	1	2	3	4	5
7.	即使不情愿，我也不得不义务帮助其他同事	1	2	3	4	5
8.	对我而言离开组织很容易	1	2	3	4	5
9.	离开组织对我来说很困难	1	2	3	4	5
10.	迫于上司的压力，我要付出额外的努力来满足其工作要求	1	2	3	4	5
11.	如果我在其他地方工作，对时间的利用方式会理想得多	1	2	3	4	5
12.	我总是愿意承认自己所犯的错误	1	2	3	4	5
13.	上司总是期望我在工作上付出更多的努力	1	2	3	4	5
14.	我从来不想伤害别人	1	2	3	4	5
15.	我对组织的涉入程度很深	1	2	3	4	5
16.	公司内有义务加班的习惯	1	2	3	4	5
17.	我对组织的依附感很强	1	2	3	4	5
18.	即使不情愿，我也不得不义务协助上司的工作	1	2	3	4	5
19.	我感到与组织不可分割	1	2	3	4	5
20.	我会勇于承认我所不知道的事情	1	2	3	4	5
21.	我们部门是公司中最糟的	1	2	3	4	5
22.	我能够找到的工作比当前工作好得多	1	2	3	4	5
23.	我实在无法离开我为其工作的组织	1	2	3	4	5
24.	我太陷入组织以至于难以离开	1	2	3	4	5
25.	我曾经装病以逃避某些事情	1	2	3	4	5
26.	新员工需要超过一年的时间才渐无拘束	1	2	3	4	5
27.	只有很特别的人才适合公司	1	2	3	4	5

本问卷到此全部结束，感激您的辛苦填答。各位先生、女士的意见至为宝贵。最后再麻烦您检查一下是否有漏答的问题，以免形成无效问卷。再次感谢您的协助！谢谢！

附录 8 CPAI-2 使用申请表

申请使用《跨文化（中国人）个性测量表》CPAI-2 作研究用途

为建立 CPAI-2 的研究基础，我们会设立一个资料库来收集有关使用 CPAI-2 及其量表的资料。在满足本页《保证》所列条款的情况下，作者（张妙清、梁觉及张建新）会给予研究人员在其研究中使用 CPAI-2 题目的权利。

（有关 CPAI-2 的资料，可于此网页下载：http：//www.psy.cuhk.edu.hk/~cpaiweb。）

主调查员姓名及所属机构：

研究计划题目：					
姓名：					
机构：					
地址：					
电话：		传真：		电邮：	

其他调查员姓名及所属机构：

姓名：	
机构：	
姓名：	
机构：	

(若主调查员是学生，请列出导师姓名及取得其认可。)

导师姓名及所属机构：

姓名：					
机构：					
地址：					
电话：		传真：		电邮：	

建议研究的用途：

☐ 教员研究　　☐ 研究生个别研究

☐ 博士论文　　☐ 本科生论文

☐ 硕士论文　　☐ 本科生个别研究

☐ 其他（请注明）：________________

<u>研究计划书</u>

(请附加研究计划书，说明研究目的、方法，解释将会如何应用 CPAI-2 的量表及如何保护个人资料。)

<u>保证</u>

本人<u>同意</u>下列 CPAI-2 作为研究用途的条款：

1. CPAI-2 只作研究计划书中指定的用途；

2. 将研究所得的结果及 CPAI-2 的数据提供给 CPAI 资料库；

3. 在所有有关 CPAI-2 的出版中鸣谢 CPAI-2 作者（张妙清、梁觉及张建新）；

4. 将所有出版的一份副本寄给 CPAI 资料库；

5. 没有得到作者预先的允许，不会将 CPAI-2 的题目给予他人；

6. 将指定研究中未使用或多出的 CPAI-2 问卷销毁或交回作者。

主调查员签字：________________　　日期：________

导师签字（如主调查员为学生）：________　　日期：________

参考文献

［1］Aiken L. S. & West S. G. Multiple regression：Testing and interactions ［M］. Thousand Oaks，CA：Sage，1991.

［2］Aquino K. & Bradfield M. Perceived victimization in the workplace：The role of situational factors and victim characteristics ［J］. Organization Science，2000（11）：525-537.

［3］Aryee S. S.，Chen Z. X.，Sun L. Y. & Debrah Y. A. Antecedents and outcomes of abusive supervision：Test of a trickle-down model［J］. Journal of Applied Psychology，2007（92）：191-201.

［4］Asgari A.，Silong A. D.，Ahmad A. & Sama B. A. The Relationship between transformational leadership behaviors，leader-member exchange and organizational citizenship behaviors［J］. European Journal of Scientific Research，2008，6（4）：140-151.

［5］Ashforth B. Petty tyranny in organizations ［J］. Human Relations，1994（47）：755-778.

［6］Baer M. & Frese M. Innovation is not Enough：Climates for initiative and psychological safety，process，innovation and firm performance ［J］. Journal of Organizations Behavior，2003（24）：45-68.

［7］Bagozzi R. P. & Yi Y. On the evaluation of structural equation models ［J］. Journal of the Academy of Marketing Science，1988，16（1）：74-94.

［8］Baird J. E. & Zelin R. C. An examination of the impact of obedience pressure on perceptions of fraudulent acts and the likelihood of committing occupational fraud[J]. Journal of Forensic Studies in Accounting and Business, 2009 (11): 1-14.

[9] Bamberger P. A. & Bacharach S. B. Abusive supervision and subordinate problem drinking: Taking resistance, stress, and subordinate personality into account [J]. Human Relations, 2006 (59): 1-30.

[10] Baron R. M. & Kenny D. A. The Moderator-mediator variable distinction in social psychological research: Conceptual, strategic, and statistical considerations[J]. Journal of Personality and Social Psychology, 1986, 51(6): 1173-1182.

[11] Bateman T. S. & Organ D. W. Job Satisfaction and the good soldier: The relationship between affect and employee "citizenship" [J]. Academy of Management Journal, 1983, 26 (4): 584-595.

[12] Bentler P. M., Chou C. P. Practical issues in structural modeling [J]. Sociological Methods & Research, 1987, 16 (1): 78-117.

[13] Blau P. M. Exchange and power in social life [M]. New York: Wiley, 1964.

[14] Bolino M. C. Citizenship and impression management: Good Soldiers or good actors? [J]. Academy of Management Review, 1999, 24 (1): 82-98.

[15] Brown S. P. & Leigh T. W. A new look at psychological climate and its relationship to job involvement, effort, and performance [J]. Journal of Applied Psychology, 1996 (81): 358-368.

[16] Butterfield R. A. The development and use of culturally appropriate curriculum for American Indian students [J]. Peabody Journal of Education, 1983 (61): 50-66.

[17] Cheung F. M., Leung K., Fan R. M., et al. Development of the Chinese personality assessment inventory [J]. Journal of Cross Cultural Psychology, 1996, 27 (2): 181-199.

[18] Churchill G. A. A paradigm for developing better measures of maketing constructs [J]. Journal of Marketing Research, 1979, 16 (2): 64-73.

[19] Coyle -Shapiro J. A. M. A psychological contract perspective on organizational citizenship behavior [J]. Journal of Organizational Behavior, 2002 (23): 927-946.

[20] Cropanzano R. & Mitchell M. S. Social exchange theory: An interdisciplinary Review [J]. Journal of Management, 2005, 31 (6): 874-900.

[21] Crossley C. D., Bennett R. J., Jex S. M., et al. Development of a global measure of job embeddedness and integration into a traditional model of voluntary turnover[J]. Journal of Applied Psychology, 2007(4): 1031-1042.

[22] Davies H., Leung T. K. P., Luk S. T. K. & Wong Y. H. The benefit of Guanxi [J]. Industrial Marketing Management, 1995, 24 (3): 207-214.

[23] Davis S., DeZoort F. T. & Kopp L. S. The effect of obedience pressure and perceived responsibility on management accountants' creation of budgetary slack [J]. Behavioral Research in Accounting, 2006 (18): 19-35.

[24] DeZoort F. T. & Lord A. T. An Investigation of obedience pressure effects on auditors' judgements [J]. Behavioral Research in Accounting, 1994 (6): 1-30.

[25] Duffy M. K., Ganster D. C. & Pagon M. Social undermining in the workplace [J]. Academy of Management Journal, 2002, 45 (2): 331-351.

[26] Dupre K. E., Inness M., Connelly C. E., et al. Workplace aggression in teenage part-time employees [J]. Journal of Applied Psychology, 2006 (91): 987-997.

[27] Edmondson A. C. Speaking up in operating room: How team leaders promote learning in interdisciplinary action teams [J]. Journal of Management Studies, 2003 (40): 1419-1452.

[28] Edmondson A. Psychological safety and learning behavior in work

teams [J]. Administrative Science Quarterly, 1999 (44): 350-383.

[29] Einarsen S., Aasland M. S. & Skogstad A. Destructive leadership behaviour: A definition and conceptual model [J]. The Leadership Quarterly, 2007 (18): 207-216.

[30] Elangovan A. R. & Xie J. L. Effects of perceived power of supervisor on subordinate stress and motivation: The moderating role of subordinate characteristics [J]. Journal of Organizational Behavior, 1999 (20): 359-373.

[31] Fan Y. Questioning guanxi: Definition, classification and implications [J]. International Business Review, 2002, 11 (5): 543-561.

[32] Fay D. & Sonnentag S. A look back to move ahead: New directions for research on proactive performance and other discretionary work behaviours [J]. Applied Psychology: An International Review, 2010, 59 (1): 1-20.

[33] Fernandez M. L., Castro Y. R., et al. Expressive-instrumental traits and sexist attitudes among Spanish university professors [J]. Social Indicators Research, 2007 (80): 583-599.

[34] Fornell C. & Larcker D. F. Structural equation models with unobservable variables and measurement error: Algebra and statistics [J]. Journal of Marketing Research, 1981, 18 (3): 382-388.

[35] Geller D. & Bamberger P. Bringing avoidance and anxiety to the job: Attachment style and instrumental helping behavior among co-workers [J]. Human Relations, 2009 (62): 1803-1827.

[36] Goodwin V. L., Bowler W. M. & Whittington J. L. A Social Network Perspective on LMX Relationships: Accounting for the instrumental value of leader and follower networks [J]. Journal of Management, 2009 (35): 954-980.

[37] Gupta N. & Jenkins G. D. Rethinking Dysfunctional Employee Behaviors [J]. Human Resource Management Review, 1991 (1): 39-59.

[38] Hammond S. C. & Glenn L. M. The ancient practice of Chinese

social networking: Guanxi and social network theory Emergence[J]. Complexity & Organization, 2004, 6 (1/2): 24-31.

[39] Harris K. J., Kacmar K. M. & Zivnuska Z. An investigation of abusive supervision as a predictor of performance and the meaning of work as a moderator of the relationship [J]. The Leadership Quarterly, 2007, 18 (3): 252-263.

[40] Harvey P., Stoner J., Hochwarter W. & Kacmar C. Coping with abusive bosses: The neutralizing effects of ingratiation and positive affect on negative employee outcomes [J]. Leadership Quarterly, 2007 (18): 264-280.

[41] Hershcovis M. S. & Julian B. Towards a multi-foci approach to workplace aggression: A meta-analytic review of outcomes from different perpetrators [J]. Journal of Organizational Behavior, 2010 (31): 24-44.

[42] Hmieleski K. M. & Ensley M. D. The effects of entrepreneur abusive supervision [J]. Academy of Management Proceedings, 2007 (1): 1-6.

[43] Hofstede G., Neuijen B., Ohayv D. D. & Sanders G. Measuring organizational cultures: A qualitative and quantitative study across twenty cases [J]. Administrative Science Quarterly, 1990, 35 (2): 286-316.

[44] Hoobler J. & Brass D. Abusive supervision and family undermining as displaced aggression[J]. Journal of Applied Psychology, 2006 (91): 1125-1133.

[45] Hsu F. L. K. Psychosocial homeostasis and Jen: Conceptual tools for advancing psychological anthropology [J]. American Anthropologist, 1971 (73): 23-44.

[46] Hu L. & Bentler P. M. Fit indices in covariance structure modeling: Sensitivity to underparameterized model misspecification [J]. Psychological Methods, 1998, 3 (4): 424-453.

[47] Huang Q., Davison R. M. & Gu J. The impact of trust, guanxi orientation and face on the intention of Chinese employees and managers to

engage in peer-to-peer tacit and explicit knowledge sharing [J]. Information Systems Journal, 2011, 21 (6): 557-577.

[48] Hui C., Law K. S. & Chen Z. X. A Structural equation model of the effects of negative affectivity, leader-member exchange, and perceived job mobility on in-role and extra-role performance: A Chinese case [J]. Organizational Behavior and Human Decision Processes, 1999, 77 (1): 3-21.

[49] Hui C., Lam S. & Law K. S. Instrumental values of organizational citizenship behavior for promotion: A field quasi experiment [J]. Journal of Applied Psychology, 2000, 85 (5): 822-828.

[50] Hwang K. K. Chinese relationalism: Theoretical construction and methodological consideration [J]. Journal for the Theory of Social Behavior, 2000, 30 (2): 155-178.

[51] Inness M., Barling J. & Turner N. Understanding supervisor-targeted aggression: A within-person, between-jobs design [J]. Journal of Applied Psychology, 2005 (90): 731-739.

[52] Ivancevich J. M., Matteson M. T., Freedman S. & Phillips J. Worksite stress management interventions: Opportunities and challenges for organizational psychologists [J]. American Psychologist, 1990 (45): 252-261.

[53] Jacobs J. B. A preliminary model of particularistic ties in Chinese political alliances: Kan-ch'ing and kuan-hsi in a rural Taiwanese township [J]. The China Quarterly, 1979 (77): 237-273.

[54] James J. L. What motivates OCB? Insights from the volunteerism literature [J]. Journal of Organizational Behavior, 2010 (31): 918-923.

[55] James L. A. & James L. R. Integrating work environment perceptions: Explorations into the measurement of meaning [J]. Journal of Applied Psychology, 1989 (74): 739-751.

[56] Jones A. P. & James L. R. Psychological climate: Dimensions and relationships of individual and aggregated work environment perceptions [J].

Organizational Behavior and Human Performance, 1979 (23): 201-250.

[57] Kahn W. A. Psychological conditions of personal engagement and disengagement at work [J]. Academy of Management Journal, 1990 (33): 692-724.

[58] Kaiser H. F. An index of factorial simplicity [J]. Psychometrika, 1974, 39 (1): 31-36.

[59] Katz D. The motivational basis of organizational behavior [J]. Behavioral Science, 1964, 9 (2): 131-133.

[60] Kellerman B. Bad leadership: What it is, how it happens, why it matters [M]. Boston: Harvard Business School Press, 2004.

[61] Kipnis A. B. The language of gifts: Managing guanxi in a north China village [J]. Modern China, 1996, 22 (3), 285-314.

[62] Klimoski R. & Mohammed S. Team mental model: Construct or metaphor? [J]. Journal of management, 1994, 20 (2): 403-437.

[63] Lawler E. J. & Jeongkoo Y. Power and the emergence of commitment behavior in negotiated exchange [J]. American Sociological Review, 1993, 58 (4): 465-481.

[64] Leary M. R. & Kowalski R. M. Impression management: A literature review and two-component model [J]. Psychological Bulletin, 1990 (107): 34-47.

[65] Li J. & Wright P. C. The issue of guanxi: Discrepancies, reality and implications [G]. Business Research Center Working Paper. Hong Kong Baptist University, 1999.

[66] Liang J., Farh C. & Farh. J. L. Psychological antecedents of promotive and prohibitive voice behavior: A two-wave longitudinal examination [C]. Paper Presented at the Third Conference of the International Association for Chinese Management Research, China: Guangzhou, 2008.

[67] Lindenmeier J. & Dietrich M. Will this voluntary project be success-

ful? Validation of an instrumental model of volunteering behavior [J]. Nonprofit Management & Leadership, 2011, 21 (4): 399-415.

[68] Lord A. T. & DeZoort F. T. The impact of commitment and moral reasoning on auditors' responses to social influence pressure [J]. Accounting, Organizations and Society, 2001, 26 (3): 215-235.

[69] Luo Y. Guanxi: Principles, philosophies, and implications [J]. Human System Management, 1997, 16 (1): 43-51.

[70] MacCallum R. C., Browne M. W. & Sugawara H. M. Power analysis and determination of sample size for covariance structure modeling [J]. Psychological Methods, 1996, 1/2: 130-149.

[71] MacKenzie S. B., Podsakoff P. M. & Ahearne M. Some possible antecedents and consequences of in-role and extra-role salesperson performance [J]. The Journal of Marketing, 1998, 62 (3): 87-98.

[72] Mackenzie S. B., Podsakoff P. M. & Fetter R. Organizational citizenship behavior and objective productivity as determinants of managerial evaluations of salespersons' performance[J]. Organizational Behavior and Human Decision Processes, 1991 (50): 123-150.

[73] Mael F. A. & Ashforth B. E. Alumni and their Alma matter: A partial test of the reformulated model of organizational identification [J]. Journal of Organizational Behavior, 1992, 13 (2): 103-123.

[74] Makishi N. Same behavior, different consequences: Reasctions to men's and women's compulsory citizenship behavior [D]. Utica: Syracuse University, 2008.

[75] Marcia A. F. Intrinsic and extrinsic motivation and organizational citizenship behavior: A functional approach to organizational citizenship behavior [J]. Journal of Psychological Issues in Organizational Culture, 2011, 2 (1): 19-34.

[76] Maslow A. H., Hirsh E., Stein M. & Honigmann I. A clinically de-

rived test for measuring psychological security-insecurity [J]. Journal of General Psychology, 1945 (33): 21-41.

[77] May D. R., Gilson R. L. & Harter L. M. The psychology condition of meaningfulness, safety and availability and the engagement of the human spirit at work[J]. Journal of Occupational and Organizational Psychology, 2004 (77): 11-37.

[78] Miller J. D., Allen M., Casey M. K. & Johnson J. R. Reconsidering the organizational identification questionnaire [J]. Management Communication Quarterly, 2000, 13 (4): 626-658.

[79] Mitchell M. S. & Ambrose M. L. Abusive supervision and workplace deviance and the moderating effects of negative reciprocity beliefs[J]. Journal of Psychology, 2007, 192 (4): 1159-1168.

[80] Mitchell T. R., Holtom B. C. & Lee T. W. Why people stay: Using job embeddedness to predict voluntary turnover [J]. Academy of Management Journal, 2001 (6): 1102-1121.

[81] Morrison & E. W. Role definition and organizational citizenship behavior: The importance of the employee's perspective [J]. Academy of Management Journal, 1994, 37 (6): 1543-1567.

[82] Mowday R. T., Porter L. W. & Steers R. M. The measurement of organizational commitment [J]. Journal of Vocational Behavior, 1979, 14 (2): 224-247.

[83] Offermann L. R. & Hellmann P. S. Leadership behavior and subordinate stress: A 360° view [J]. Hellmann Journal of Occupational Health Psychology, 1996, 1 (4): 382-390.

[84] Organ D. W. Organizational citizenship behavior: Its construct clean up time [J]. Human Performance, 1997, 10 (2): 85-97.

[85] Organ D. W. Organizational citizenship behavior: The good soldier syndrome [M]. England: Lexington Books, 1988.

[86] Padilla A., Hogan R. & Kaiser R. B. The toxic triangle: Destructive leaders, susceptible fellowers, and conducive environments [J]. The Leadership Quarterly, 2007 (18): 176-194.

[87] Pearce J. A. & Robinson R. B. Cultivating guanxi as a foreign investor strategy [J]. Business Horizons, 2000, 43 (1): 31-38.

[88] Peng S. Guanxi in trust: An indigenous study of Chinese interpersonal trust [D]. Unpublished Doctoral dissertation. Hong Kong: The University of Hong Kong, 1998.

[89] Penner L. A., Midili A. R. & Kegelmeyer J. Beyond job attitudes: A personality and social psychology perspective on the causes of organizational citizenship behavior [J]. Human Performance, 1997 (10): 111-132.

[90] Podsakoff P. M., Ahearne M., MacKenzie S. B. & Hui C. Organizational citizenship behaviors and managerial evaluations of employee performance: A review and suggestions for future research [M]. In Ferris G. R. (Ed.), Research in Personnel and Human Resources Management, Greenwich, CT: JAI Press, 1993 (11): 1-40.

[91] Podsakoff P. M., MacKenzie S. B., Lee J. Y., et al. Common method biases in behavioral research: A critical review of the literature and recommended remedies [J]. Journal of Applied Psychology, 2003, 88 (5): 879-903.

[92] Podsakoff P. M., MacKenzie S. B., Paine J. B. & Bachrach D. G. Organizational citizenship behaviors: A critical review of the theoretical and empirical literature and suggestions for future research[J]. Journal of Management, 2000, 26 (3): 513-563.

[93] Podsakoff P. M., Todor W. D. & Schuler R. S. Leader expertise as a moderator of the effects of instrumental and supportive leader behaviors [J]. Journal of Management, 1983, 9 (2): 173-185.

[94] Rioux S. M. & Penner L. A. The causes of organizational citizenship

behavior: A motivational analysis [J]. Journal of Applied Psychology, 2001, 86 (6): 1306-1314.

[95] Rousseau D. M. Psychological and implied contracts in organizations [J]. Employee Responsibilities and Rights Journal, 1989 (2): 121-138.

[96] Schat A. C. H., Desmarais S. & Kelloway E. K. Exposure to workplace aggression from multiple sources: Validation of a measure and test of a model [M]. Unpublished manuscript, McMaster University, Canada, 2006.

[97] Schnake M. Organizational Citizenship: A review, proposed model, and research agenda [J]. Human Relations, 1991 (44): 735-759.

[98] Schneider B. Organizational climates: An essay [J]. Personnel Psychology, 1975, 28 (4): 447-479.

[99] Schriesheim C. A. & DeNisi A. S. Task dimensions as moderators of the effects of instrumental leadership: A two-sample replicated test of path-goal leadership theory [J]. Journal of Applied Psychology, 1981, 66 (5): 589-597.

[100] Singh J., Verbeke W. & Rhoads G. K. Do organizational practices matter in role stress processes? A study of direct and moderating effects for marketing-oriented boundary spanners[J]. The Journal of Marketing, 1996, 60 (3): 69-86.

[101] Snell R. & Tseng C. S. Moral atmosphere and moral influence under China's network capitalism [J]. Organization Studies, 2002 (23): 449-478.

[102] Solomon I. Commentary on an investigation of obedience pressure effects on auditors' judgements [J]. Behavioral Research in Accounting, 1994 (6): 31-34.

[103] Spector P. E. & Fox S. Theorizing about the deviant citizen: An attributional explanation of the interplay of organizational citizenship and counterproductive work behavior [J]. Human Resource Management Review,

2010, 20 (2): 132–143.

[104] Standifird S. S. & Marshall S. R. The transaction cost advantages of guaxi–based business practice [J]. Journal of World Business, 2000 (35): 21–42.

[105] Su C. & Littlefield J. E. Entering guanxi: A business ethical dilemma in mainland China? [J]. Journal of Business Ethics, 2001 (32): 1–12.

[106] Su C., Sirgy M. J. & Littlefield J. E. Is guanxi orientation bad, ethically speaking? A study of Chinese enterprises [J]. Journal of Business Ethics, 2003, 44 (4): 303–312.

[107] Tepper B. J., Carr J. C., Breaux D. M., et al. Abusive supervision, intentions to quit , and employees workplace deviance: A power/dependence analysis [J]. Organizational Behavior and Human Decision Processes, 2009, 109(2): 156–167.

[108] Tepper B. J., Duffy M. K. & Shaw J. D. Personality moderators of the relationship between abusive supervision and subordinates' resistance[J]. Journal of Applied Psychology, 2001 (86): 974–983.

[109] Tepper B. J., Duffy M. K., Henle C. A. & Lambert L. S. Procedural injustice, victim precipitation, and abusive supervision [J]. Personnel Psychology, 2006 (59): 101–123.

[110] Tepper B. J., Henle C. A., Lambert L. S., et al. Abusive supervision and subordinates' organization deviance [J]. Journal of Applied Psychology, 2008 (93): 721–732.

[111] Tepper B. J., Hoobler J., Duffy M. K. & Ensley M. D. Moderators of the relationship between coworkers' organizational citizenship behavior and fellow employees' attitudes [J]. Journal of Applied Psychology, 2004, 89 (3): 455–465.

[112] Tepper B. J., Moss S. E. & Duffy M. K. Predictors of abusive supervision: Supervisor perceptions of deep–level dissimilarity, relationship

conflict, and subordinate performance [J]. Academy of Management Journal, 2011, 54 (2): 279-294.

[113] Tepper B. J. Abusive supervision in work organizations: Review, synthesis, and research agenda [J]. Journal of Management, 2007, 33 (3): 261-289.

[114] Tepper B. J. Consequences of abusive supervision [J]. Academy of Management Journal, 2000, 43 (2): 178-190.

[115] Tolentino A. L. Are all good soldiers created equal? Examining the "why" that underlies organizational citizenship behavior: The development of an OCB motives scale [D]. University of South Florida, 2009.

[116] Tsui A. S. & Farh J. L. Where guanxi matters: Relational demography and Guanxi in the Chinese context [J]. Work and Occupations, 1997, 24 (1): 56-79.

[117] Tsui A. S., Pearce J. L., Portor L. W. & Tripoli A. M. Alternative approaches to the employee-orgnizatioan relationship: Does investment in employees pay off? [J]. Academy of Management Journal, 1997, 40 (5): 1089-1121.

[118] Tynan R. The effects of threat sensitivity and face giving on dyadic psychological and upward communication [J]. Journal of Applied Social Psychology, 2005 (35): 223-247.

[119] Valle M. A preliminary model of abusive behavior in organizations [J]. Southern Business Review, 2005, 30 (2): 27-35.

[120] Van Dyne L. & Jeffrey A. L. Helping and voice extra-role behavior: Evidence of construct and predictive validity [J]. Academy of Management Journal, 1998, 41 (1): 108-119.

[121] Van Dyne L., Graham J. W. & Dienesch R. M. Organizational Citizenship Behavior: Construct redefinition, measurement, and validation [J]. Academy of Management Journal, 1994 (37): 765-802.

[122] Van Dyne L., Kamdar D. & Joireman J. In-role perceptions buffer the negative impact of low LMX on helping and enhance the positive impact of high LMX on voice [J]. Journal of Applied Psychology, 2008, 93 (6): 1195-1207.

[123] Varella P., Javidan M., Waldman D. A. Leadership, group behavior, and density of instrumental ties in organizational groups [J]. Academy of Management Proceedings, 2010 (1): 1-5.

[124] Vigoda-Gadot E. Compulsory citizenship behavior in organizations: Theorizing some dark sides of the good soldier syndrome [J]. Journal for the Theory of Social Behavior, 2006, 36 (1): 77-93.

[125] Vigoda-Gadot E. Redrawing the boundaries of OCB? An empirical examination of compulsory extra-role behavior in the workplace [J]. Journal of Business and Psychology, 2007, 21 (3): 377-405.

[126] Walsh J. Managerial and organizational cognition: Notes from a trip down memory lane [J]. Organization Science, 1995, 6 (3): 280-321.

[127] Walumbwa F. O. & Schaubroeck J. Leader personality traits and employee voice behavior: Mediating roles of ethical leadership and work group psychological safety [J]. Journal of Applied Psychology, 2009, 94 (5): 1275-1286.

[128] Williams L. J. & Anderson S. E. Job satisfaction and organizational commitment as predictors of organizational citizenship and in-role behavior [J]. Journal of Management, 1991 (17): 601-617.

[129] Wong Y. H. & Chan R. Y. K. Relationship marketing in China: Guanxi, favouritism and Adaptation [J]. Journal of Business Ethics, 1999, 22 (2): 107-118.

[130] Wu T. Y. & Hu C. Abusive supervision and employee emotional exhaustion: Dispositional antecedents and boundaries [J]. Group and Organization Management, 2009, 34 (3): 143-169.

[131] Xin K. R. & Pearce J. L. Guanxi: Connections as substitutes for formal institutional support [J]. Academy of Management Journal, 1996 (39): 1641-1658.

[132] Yan Y. The culture of guanxi in a north China village [J]. The China Journal, 1996 (35): 1-26.

[133] Yeung I. Y. M. & Tung R. L. Achieving business success in confucian societies: The importance of guanxi (connections) [J]. Organizational Dynamics, 1996, 25 (2): 54-65.

[134] Zeev B. S. Affective and instrumental components in the physician-patient relationship: An additional dimension of interaction theory [J]. Journal of Health and Social Behavior, 1980, 21 (2): 170-180.

[135] Zellars K. L., Tepper B. J. & Duffy M. K. Abusive supervision and subordinates' organizational citizenship behavior [J]. Journal of Applied Psychology, 2002, 87 (6): 1068-1076.

[136] Zhao H. D., Peng Z. L., Han Y., Sheard G. & Hudson A. Psychological mechanism linking abusive supervision and compulsory citizenship behavior: A moderated mediation study [J]. The Journal of Psychology: Interdisciplinary and Applied, 2013, 147 (2): 177-195.

[137] 阿伦森等. 社会心理学（第五版·中文第二版）[M]. 侯玉波等译. 北京：中国轻工业出版社，2007.

[138] 艾尔·巴比. 社会研究方法（第 11 版）[M]. 邱泽奇译. 北京：华夏出版社，2009.

[139] 蔡启通. 互动正义与组织承诺、组织公民行为：角色压力之中介效果及领导行为之干扰效果 [J]. 管理学报（台湾），2007，24 (3): 253-276.

[140] 蔡松纯，郑伯埙，周丽芳，姜定宇，郑弘岳. 领导者上下关系认定与部署的社会行为：权力距离之调节效果 [J]. 中华心理学刊，2009，51 (1): 121-138.

［141］陈介玄，高承恕. 台湾企业运作的社会秩序——人情关系与法律［J］. 东海社会科学学报，1991（10）：219-231.

［142］陈明，于桂兰. 破坏型领导：何时危害性更大——关系取向与工具性对破坏型领导与强制性公民行为的调节作用［D］. 第二届中国劳动科学博士生论文，2013.

［143］陈晓萍，徐淑英，樊景立. 组织与管理研究的实证方法［M］. 北京：北京大学出版社，2008.

［144］段锦云，钟建安. 组织中员工的角色外行为［J］. 人类工效学，2004，10（4）：69-71.

［145］费孝通. 乡土中国［M］. 香港：凤凰出版社，1948.

［146］付泽伟. 道德判断、上司压力、时间压力及工作复杂性对政府机关预算编制及执行适切性认知的影响［J］. 东吴经济商学学报，2006（59）：29-56.

［147］高日光. 破坏性领导会是组织的害群之马吗——中国组织情境中的破坏性领导行为研究［J］. 管理世界，2009（9）：124-131.

［148］何友晖，陈淑娟，赵志裕. 关系取向——为中国社会心理方法寻求答案［M］//杨国枢，黄光国. 中国人的心理与行为. 台北：桂冠图书出版公司，1991.

［149］洪晨桓. 华人“关系”量表之发展——内部顾客观点［D］. 东华大学博士学位论文，2008.

［150］胡士强，彭纪生，周路路. 关系取向、面子需求与组织内知识共享——中国情景下知识共享意愿的探讨［J］. 上海管理科学，2010（4）：81-86.

［151］黄囇莉，郑琬蓉，黄光国. 忍的历程与自我之转化［J］. 本土心理学刊，2008（29）：3-76.

［152］黄光国. 人情与面子：中国人的权力游戏［M］. 台北：巨流图书公司，1988.

［153］黄光国. 儒家关系主义［M］. 台北：心理出版社，2009.

[154] 纪宏儒，刘晏羽，江兴远等. 被并公司员工角色压力与离职意愿之关系研究——以工作满足与组织承诺为中介变项 [R]. 辅仁大学企业管理学系第三十七届人力资源管理专题报告，2003.

[155] 姜定宇. 华人部属与主管关系、主管忠诚及后续结果：一项两阶段研究 [D]. 台湾大学博士学位论文，2005.

[156] 蒋廉雄，卢泰宏，邹璐. 消费者礼品购买决策：关系取向抑或动机驱动[J]. 中山大学学报（社会科学版），2007，47（5）：117-123，128.

[157] 金杨华，吕福新. 关系取向与企业家伦理决策——基于"浙商"的实证研究 [J]. 管理世界，2008（8）：100-106.

[158] 金耀基. 从传统到现代（第3牌）[M]. 台北：台湾商务印书馆，1969.

[159] 雷丁. 张遵敬，范熙. 海外华人企业家的管理思想 [M]. 吴振寰译. 上海：三联书店，1993：125-216.

[160] 李楠楠，陈伟娜，凌文辁. 组织中的不当督导及相关研究 [J]. 心理科学进展，2009，17（5）：1051-1058.

[161] 李宁，严进. 组织信任氛围对任务绩效的作用途径 [J]. 心理学报，2007（39）：1111-1121.

[162] 李锐，凌文辁，柳士顺. 上司不当督导对下属建言行为的影响及其作用机制 [J]. 心理学报，2009，41（12）：1189-1202.

[163] 李宛真. 部属知觉上下关系对组织公民行为之影响——以权力距离为调节变项 [D]. 铭传大学博士学位论文，2010.

[164] 梁建. 组织背景下关系取向行为的结构分析与效度验证 [D]. 浙江大学博士学位论文，2002.

[165] 梁漱溟. 中国文化要义 [M]. 北京：商务印书馆，1935.

[166] 梁小威，廖建桥，曾庆海. 基于工作嵌入核心员工组织绩效——自愿离职研究模型的拓展与检验 [J]. 管理世界，2005（7）：106-115.

[167] 林南. 中国研究如何为社会学理论做贡献 [M] //周晓虹. 中国社会与中国研究. 北京：社会科学文献出版社，2004.

[168] 林文莺，侯杰泰. 结构方程分析——模式之等同及修正 [J]. 教育学报，1995 (23)：147-162.

[169] 林钲棽. 跨层次观点下印象管理动机与主管导向之组织公民行为的关系：社会互动与组织政治气候的调节作用 [J]. 管理学报（台湾），2007，24 (1)：93-111.

[170] 凌斌，段锦云，朱月龙. 工作场所中的心理安全：概念构思、影响因素和结果 [J]. 心理科学进展，2010，18 (10)：1580-1589.

[171] 刘怀伟. 商务市场中顾客关系的持续机制研究 [D]. 浙江大学博士学位论文，2003.

[172] 刘兆明. 报的概念及其在组织研究上的意义 [M] //杨国枢，余安邦. 中国人的心理与行为——理念及方法篇. 台北：桂冠图书公司，1993.

[173] 柳青. 基于关系导向的新企业团队异质性与绩效：团队冲突的中介作用 [D]. 吉林大学博士学位论文，2010.

[174] 龙静，汪莉. 并购后威胁感知与心理安全对员工创新的影响——基于高科技企业的实证研究 [J]. 科学学研究，2011，29 (9)：1382-1388.

[175] 卢纹岱. SPSS forwindows 统计分析 [M]. 北京：电子工业出版社，2002.

[176] 彭台光，高月慈，林钲棽. 管理研究中的共同方法变异：问题本质、影响、测试和补救 [J]. 管理学报（台湾），2006 (1)：77-98.

[177] 彭正龙，赵丹红. 强制性公民行为研究述评 [J]. 外国经济与管理，2010 (6)：46-51.

[178] 彭正龙，赵丹红. 组织公民行为真的对组织有利吗——中国情境下的强制性公民行为研究 [J]. 南开管理评论，2011 (1)：17-27.

[179] 乔健. 关系刍议 [C]. 台北：社会与行为科学研究的中国化研讨会论文集，1982：345-360.

[180] 任晓林. 政府的开放性：社会化管理的基础 [C]. 北京：中国行政管理学会年会暨“政府社会管理与公共服务”论文集，2004：115-120.

[181] 孙建群，段锦云，田晓明. 组织中员工的自愿性工作行为 [J].

心理科学进展，2012，20（4）：561-574.

［182］涂红伟. 组织公民行为动机研究的整合：暗示理论视角［J］. 生产力研究，2011（4）：11-13，16.

［183］万华，欧阳友全. 基于辱虐型领导视角的强制性公民行为研究［J］. 企业活力，2011（12）：50-54.

［184］汪美伶，李山田. 组织创新、员工心理安全与组织绩效关系之研究——以商业银行为例［J］. 东吴经济商学学报，2007（59）：1-28.

［185］王俊. 国有建筑企业职工关系取向及其层级差异研究［D］. 华中师范大学博士学位论文，2006.

［186］王俊平. “被+X”构式研究［D］. 吉林大学博士学位论文，2011.

［187］文崇一. 中国人的富贵与命运［M］//文崇一，萧新煌. 中国人：观念与行为. 台北：巨流图书公司，1988.

［188］吴和懋. 华人社会中人际冲突之劝说：理性行为取向与关系取向之比较［D］. 台湾大学博士学位论文，2002.

［189］吴隆增，刘军，刘刚. 辱虐管理与员工表现：传统性与信任的作用［J］. 心理学报，2009，41（6）：510-518.

［190］吴明隆. 结构方程模型：AMOS 的操作与应用［M］. 重庆：重庆大学出版社，2009.

［191］吴齐殷. 社会赞许度与民意测验中的民意［J］. 科学月刊，1996（320）：640-648.

［192］吴维库，王未，刘军，吴增隆. 辱虐管理、心理安全感知与员工建言［J］. 管理学报，2012，9（1）：56-63.

［193］吴宗佑，徐玮伶，郑伯埙. 怒不可遏或忍气吞声？华人企业中主管威权领导行为与部属愤怒情绪反应的关系［J］. 本土心理学研究，2002（18）：13-50.

［194］吴宗佑. 由不当督导到情绪枯竭：部署正义知觉与情绪劳动的中介效果［J］. 中华心理学刊，2008（50）：201-221.

[195] 武欣，吴志明，张德. 组织公民行为研究的新视角 [J]. 心理科学进展，2005，13 (2)：211-218.

[196] 熊红星，张璟，叶宝娟，郑雪，孙配贞. 共同方法变异的影响及其统计控制途径的模型分析[J]. 心理科学进展，2012，20 (5)：757-769.

[197] 徐长江，时堪. 对组织公民行为的争议与思考 [J]. 管理评论，2004，16 (3)：45-50.

[198] 徐淑英. 管理研究的自主性：打造新兴科学团体的未来 [G]. 中国管理研究国际学会会刊，2009，5 (1)：1-13.

[199] 许烺光. 跨文化的自我透视 [M] //马塞勒等. 文化与自我：东西方人的透视. 任鹰等译. 杭州：浙江人民出版社，1985.

[200] 严丹. 辱虐管理对员工建言行为影响的实证研究 [D]. 华南理工大学博士学位论文，2011.

[201] 杨国枢. 中国人的社会取向：社会互动的观点 [M] //杨国枢，余安邦. 中国人的心理与行为——理念及方法. 台北：桂冠图书出版公司，1993：87-142.

[202] 杨敏禧. 心理安全气候与学习行为对组织学习的影响 [D]. 云林科技大学博士学位论文，2002.

[203] 杨中芳. 人际关系与人际情感的构念化 [J]. 本土心理学研究，1999 (12)：105-179.

[204] 杨中芳. 有关关系与人情构念之综述 [M] //杨中芳. 中国人的人际关系、情感与信任. 台北：远流出版公司，2001.

[205] 姚飞，李桂华. 关系取向对员工满意影响的实证研究 [J]. 当代经济科学，2007，29 (6)：52-59，124.

[206] 叶明华，杨国枢. 中国人的家族主义：概念分析与实证研究 [G]. 台北：中央研究院民族学研究所集刊，1998 (83)：169-225.

[207] 于桂兰，陈明，于楠. 心理契约与组织公民行为的关系——元分析回顾及样本选择与测量方法的调节作用 [J]. 吉林大学社会科学学报，2013 (2)：115-123.

［208］翟学伟. 人情、面子与权力的再生产［M］. 北京：北京大学出版社，2005.

［209］翟学伟. 中国人关系的特质——本土的概念及其模式［J］. 社会学研究，1993（4）：239-257.

［210］张鹏程，刘文兴，廖建桥. 魅力型领导对员工创造力的影响机制：仅有心理安全足够吗？［J］. 管理世界，2011（10）：94-107.

［211］张阳阳. 大学生关系取向及其对自我提升的影响研究［D］. 华中师范大学博士学位论文，2006.

［212］张永军，廖建桥，张可军. 成就目标导向、心理安全与知识共享意愿关系的实证研究［J］. 图书情报工作，2010（2）：104-108.

［213］张永军，廖建桥，赵君. 员工组织公民行为的动机研究［J］. 中国人力资源开发，2010（9）：5-8.

［214］赵菊，佐斌. 情境事件、关系取向与人际关系满意感的关系［J］. 心理学探新，2008，28（3）：88-92，96.

［215］郑伯埙，樊景立. 华人组织的家长式领导：一项文化观点的分析［J］. 本土心理学研究，2000（13）：126-180.

［216］郑伯埙，周丽芳，樊景立. 家长式领导量表：三元模式的建构与测量［J］. 本土心理学研究，2000（14）：3-64.

［217］郑伯埙. 差序格局与华人组织行为［J］. 本土心理学研究，1995（3）：142-219.

［218］郑仁伟，陈春希，袁梅玲，李姿莹. 不当督导、印象管理与退却行为之研究——表层演出与深层演出的中介效果［J］. 辅仁管理评论，2012，19（2）：1-28.

［219］郑仁伟. 解构建言行为的中介效果：以个人与群体配适、心理安全机制来预测建言行为［R］. 行政院国家科学委员会专题研究计划成果报告，2010.

［220］周长城，李建华. “被时代”：幽默中的深思［J］. 学习月刊，2010（2）：30-32.

［221］周浩，龙立荣. 共同方法偏差的统计检验与控制方法［J］. 心理科学进展，2004，12（6）：942–950.

［222］朱月龙，段锦云，凌斌. 辱虐管理的概念界定与影响因素及结果探讨［J］. 外国经济与管理，2009，31（12）：25–32.

［223］庄贵军，周南，苏晨汀，杨志林. 社会资本与关系导向对于营销渠道中企业之间沟通方式与策略的影响［J］. 系统工程理论与实践，2008（3）：1–15.

［224］佐斌. 中国人的关系取向：概念及测量［J］. 华中师范大学学报（人文社会科学版），2002，41（1）：74–80.

后 记

犹记当年，与一众双十年华的考研同窗，凌晨两点在兰州凛冽的寒风中等候在图书馆门前占座，亦由此叩开了吉大商院之门，悠悠五载求学路。

感谢上天眷顾，让我遇到了学识渊博、品格高尚的于桂兰教授与冉斌老师。五年之前，冉斌老师将我引入学术之路，三年之前，又使我得入于桂兰教授门下，与人力系结下不解之缘。求学五载，恩师严谨求真的治学精神，细致入微的工作作风，宽厚谦和的君子风范，让学生钦佩折服。忘不了恩师对我的一再宽让与包容，您从不计较我疏于世故，也毫不在意我拙于言辞；亦忘不了您再三的帮助与指导，在我最困难的时候，是您给予我莫大的帮助，在我最急迫的时候，亦是您嘘寒问暖、雪中送炭。在论文上，您指点诀窍，只愿我能及时毕业；找工作时，您多方联系，希望我能栖于良木。家父生病期间，是您的关怀与鼓励让我振作精神；内子有孕之时，您知会我悉心照料勿作他忧。在兰州与长春的每一次往返，您都对我再三勉励、谆谆教导；在校的每一次活动，您都通知我参加研讨、充实提高。写作论文时，您予以悉心指导；收集问卷时，您给予多方帮助；选择工作时，您替我考虑良多。回首三年，我在生活与学习上的点点滴滴，都饱含您的心血与付出，我在做人与处世的每一步成长，都离不开您的教导与影响。犹记初听您讲课，魅力四射、气质非凡，令人印象深刻；初读您论文，文笔之流畅、立论之精准，使人击节赞叹。您不仅以身作则地教导学生在学术上求真务实，更身体力行地要求学生做人至善至诚。时至今日，犹感叹与感激冉斌老师的远见卓识，使我何其所幸，入您门下。每每谈及，几位同窗均自感慨“冉老师对你太好了”，亦念于洪彦老师，离开吉大之时对我的那句赞誉“学术没问题，做人我放心”，每每如此，我心中难掩骄傲与得意之情，亦倍感惭愧。五年来，于师门、于你们，我总是少予多求、助益甚少。只能借此时此地，真诚地向你们道一声：于老师，冉老师，谢谢你们，让你们操心了。

感谢孙乃纪教授，且不论您洞若观火的学术洞见和敢为人先的开创精神，使我受益良多；您生动深刻的讲课风采使人心神沉醉、轻描淡写的点拨指导为人点亮迷途之灯、只扬不抑的高尚人格让人充满自信、信手拈来的名家风范更令人如沐春风，最使人仰慕的是，您毫不藏私地将多年来对生活、研究、工作的感悟倾囊相授，在您的眼中，每个人的优点都那么明显，在您看来，每个人都可以成为一块美玉，您将智慧的种子播撒在每个人的心中，毫不求报，您将知识的大门开在每个人的面前，只予不取。还记得一次次听您讲 OB，每每沉醉其中，只庆选择吉大之正确，得遇如此名家。三年来，我虽不在您门下，但您从不将我视为外人，对我的关心、指导及帮助都让我心生感激与惭愧，没有您的指导建议，没有您的画龙点睛，就没有现在这书稿。借此衷心地说一句：孙老师，一直以来谢谢您，祝您健康长寿！

感谢秦晓利博士，对我每一次的汇报、试讲及研究，您的点评总是入木三分、充满灵性，使人豁然开朗；感谢丁建略博士，我开题时您的建设性意见功不可没；感谢王弘钰教授、金晓彤教授，你们告诫我早发论文，对我帮助莫大；感谢渠邕博士，研讨班您的观点总让人眼前一亮；感谢于楠博士、苗宏慧老师、张秋惠老师、王广慧老师等每一位人力系老师，使我在人力系大家庭受益良多。

感谢我的博士同窗金建恺，他在我生活、学习与为人处世上给予了多方面的关心与帮助，使我欠之良多；感谢同舍老大魏胜，他纯熟的方法与精湛的研究技巧使我大开眼界、得益非常；感谢师门同期博士孙旭阳，他在我生活与待物上的建议对我帮助巨大；感谢同期博士李茉，在校时常与其共同学习、行动、交流，使我受益颇大；感谢博士学友王天新，离校期间她及时联络使我未错过学校事宜；感谢博士学友孙婧，她在我申请答辩时给予过重要帮助。

感谢刘燕、李洪英、孙瑜、王惊等师门的师弟师妹，感谢已毕业的师姐妹于米、姜小暖、胡晓真、刘津言、张翠翠、李虹颖等，她们对我多方面助益良多。

感谢 CPAI-2 量表的作者张妙清、梁觉及张建新，感谢你们授权给予量表使用许可。感谢协助及接受我数次访谈与问卷调查的企业及各界朋友们，你们的支持与配合才使得论文数据得以顺利收集。

最后，感谢家父家母多年的呵护，感谢我的多位亲戚长辈对我的关爱，你们总是我前行的动力和温暖的港湾。

Nagisa 说，“可以前进的时候，就不要停下脚步”。因此，长路虽漫漫，但我犹意起程。是为谢。